신중년
건강 관리
노하우

신중년
건강 관리
노하우

초판 1쇄 발행 2025년 11월 05일

지은이 김영기, 오승택, 손종미, 이광원, 전현주, 김희숙
펴낸이 김영기

제작 도서출판 렛츠북

펴낸곳 브레인플랫폼(주)
주소 서울특별시 서초구 법원로3길 19, 2층 (서초동)
등록 2019년 01월 15일 제2019-000020호
이메일 iprcom@naver.com

ISBN 979-11-91436-49-5 13320

* 이 책은 저작권법에 따라 보호를 받는 저작물이므로 무단전재 및 복제를 금지하며, 이 책 내용의 전부 및 일부를 이용하려면 반드시 저작권자와 브레인플랫폼(주)의 서면동의를 받아야 합니다.

* 잘못된 책은 구입하신 서점에서 바꾸어 드립니다.

신중년 건강 관리 노하우

김영기
오승택
손종미
이광원
전현주
김희숙

**신중년의 삶은 아직도 길고,
그 여정은 우리가 어떻게 준비하느냐에 따라 달라진다**

경제적 자유와 건강, 그리고 일상의 작은 즐거움은 결코 따로 존재하지 않는다.
지금 이 순간부터 하루하루를 지혜롭게 관리하고, 몸과 마음을 돌보며,
삶의 균형을 찾아간다면, 신중년의 시간은 새로운 도약의 계절이 될 것이다.

BRAIN PLATFORM

서 문

"독서는 완성된 사람을 만들고, 연설은 준비된 사람을, 글쓰기는 정확한 사람을 만든다"라는 프랜시스 베이컨의 명언은 보다 완성된 자신을 원한다면 독서가 필요하고 더 나아가 정확한 자신을 원한다면 책쓰기가 필요하다는 이야기다.

《신중년 건강 관리 노하우》는 40~70대 신중년들의 건강 관리 경험담을 정리한 책이다. 신중년의 삶은 아직도 길고, 그 여정은 우리가 어떻게 준비하느냐에 따라 달라진다. 경제적 자유와 건강, 그리고 일상의 작은 즐거움은 결코 따로 존재하지 않는다. 지금 이 순간부터 하루하루를 지혜롭게 관리하고, 몸과 마음을 돌보며, 삶의 균형을 찾아간다면, 신중년의 시간은 새로운 도약의 계절이 될 것이다.

이 책의 주요 내용은 다음과 같다.

1장에서는 미국 캐롤라인대학교 경영학과 교수로 ESG경영을 강의하고 있는 김영기 저자(경영학 박사이자 부동산학 박사)가 〈신중년의 건강 관리〉를 주제로 신중년이 일상생활에서 건강 관리하는 경험담을 기술하였다.

2장에서는 강남대학교 시니어비즈니스학과 겸임교수인 오승택 저자(경영학 박사)가 〈헬스케어와 헬스테크의 미래〉를 주제로 헬스케어 페러다임의 변화와 헬스테크의 동향, 헬스케어와 헬스테드의 융합 과제와 미래 방향성을 제시하였다.

3장에서는 심리상담 전문가인 손종미 저자(상담학 박사)가 〈신중년의 라이프 스타일과 정신 건강〉을 주제로 AI 시대 신중년의 불안을 극복하는 방법과 균형 잡힌 삶에 대한 전략을 제안하였다.

4장에서는 신안산대 부동산학과에서 학과장으로 재직 중인 이광원 저자(부동산학 박사, 공학 박사)가 〈공간이 건강을 만든다〉를 주제로 신중년의 주거 전략과 삶의 질 향상법을 제시하였다.

5장에서는 심리상담 전문가인 전현주 저자(교육학 박사)가 〈일상의 활력을 위한 신중년의 B·M 건강 관리 기술법〉을 주제로 건강한 Body와 Mental 노후 관리와 치유 기술을 기술하였다.

6장에서는 호원대 강사인 김희숙 저자(경영학 박사)가 〈중년의 뇌, 다시 건강을 바라본다〉를 주제로 중년의 뇌 건강 관리 방법론에 대한 노하우를 제시하였다.

현대와 같은 AI 융합 시대에는 우리가 건강한 자유를 누리는 진정한 부자가 되기 위해서 어떻게 준비하고 대처해야 하는지에 대한 진지한 고민과 실행이 필요하다.

2025. 10. 1.
대표저자 김영기 외 5명 dream

목차

서문 004

[1장]
신중년의 건강 관리 / 김영기

1. 신중년은 '경제적 자유'와 '건강'이 최고다	012
2. 신중년의 기본 운동인 걷기와 달리기의 생활화	015
3. 신중년의 근육 운동 필요성	017
4. 신중년과 가족 운동인 파크골프를 만나다	019
5. 건강 멘토, 이순국 회장을 책에서 만나다	025
6. 마무리하며	031

[2장]
헬스케어와 헬스테크의 미래:
기술 융합과 혁신 전략 / 오승택

1. 서론: 헬스케어 패러다임의 변화	038
2. 헬스테크 기술의 핵심 동향	040
3. 헬스테크 산업의 주요 분야와 사례	045
4. 헬스케어와 헬스테크 융합의 과제와 해결 방안	048
5. 결론 및 미래 전망	050

[3장]
신중년의 라이프 스타일과 정신 건강:
AI 시대, 불안을 넘어 균형 잡힌 삶으로 / 손종미

1. 신중년, 변화의 중심에 서다 　　　　　　　　　　　　　056
2. 불안의 재해석: 경계경보에서 지혜의 신호로 　　　　　058
3. 불안을 넘어 균형으로: 삶의 네 기둥 바로 세우기 　　　069
4. 현명한 사용자가 이끄는 정신 건강의 미래 　　　　　　075

[4장]
공간이 건강을 만든다:
신중년을 위한 주거 전략과 삶의 질 향상법 / 이광원

1. 서론: 신중년, 왜 주거가 건강을 좌우하는가 　　　　　082
2. 고령자 주거의 문제점과 현실 　　　　　　　　　　　　083
3. 신중년을 위한 건강한 주거 공간의 조건 　　　　　　　085
4. 부동산 전략으로 준비하는 건강한 노후 　　　　　　　088
5. 사례 연구: 건강과 자산을 함께 지킨 신중년들의 이야기 　091
6. 부동산 정보 수집 및 분석 노하우 　　　　　　　　　　095
7. 결론: 부동산은 '건강'의 일부다 　　　　　　　　　　　099

[5장]
일상의 활력을 위한
신중년의 B·M 건강 관리 기술법 / 전현주

1. B·M 노화 관리를 위한 이해 　　　　　　　　　　　　106
2. 건강한 Body·Mental 치유 기술 　　　　　　　　　　126

[6장]
중년의 뇌, 다시 건강을 바라본다 / 김희숙

1. 들어가며   136
2. 중년의 뇌, 왜 흔들리는가: 낯선 변화에서 회복과 재구성으로   138
3. 기억력과 중년의 뇌: 변화의 이해와 회복 전략   141
4. 중년 이후 뇌 건강 문제와 감정   144
5. 식습관이 뇌를 바꾼다   146
6. 운동, 뇌를 깨우다: 움직이는 몸이 깨어나는 뇌를 만든다   152
7. 수면과 스트레스 관리: 고요한 잠과 안정된 마음이 뇌를 회복시킨다   154
8. 중년의 뇌, 다시 배우다: 배움은 뇌의 재생을 이끈다   157
9. 중년의 뇌를 흔드는 감정: 감정은 뇌를 흔들고, 동시에 성장시킨다   159
10. 관계, 뇌를 연결하다: 연결은 중년의 뇌를 회복시키는 생존 전략이다   161
11. 중년의 뇌, 다시 설계하다   163

1장 | 김영기

신중년의 건강 관리

1. 신중년은 '경제적 자유'와
'건강'이 최고다

대부분의 사람들은 20~30대에 취업을 하고 50~60대가 되면 은퇴를 맞이한다. 그렇다면 우리는 은퇴 시점에서 경제적 자유와 건강을 어떻게 유지할 수 있을까? 60대 초반을 살아가는 필자의 경험에 따르면, 가장 중요한 것은 일정 수준 이상의 연금을 미리 확보해 두는 일이다. 공무원·교사·군인 연금은 30년 이상 정상적으로 납부하고 퇴직할 경우, 개인차는 있더라도 기본적인 생활을 유지할 만한 연금이 확보될 것이다.

일반 직장인의 경우에는 국민연금을 최대한으로 수급할 수 있도록 하고, 부족할 것으로 예상되면 퇴직연금, 개인연금으로 보완하고, 그것도 부족하면 주택연금 또는 농지연금 등으로 연금을 탄탄하게 준비하여 경제적 자유를 얻는 것이 가장 중요하다. 추가로 연금처럼 확실히 보장되지는 않더라도, 급여가 다소 적더라도 꾸준히 고정적인 월급이 들어오는 일자리나 인세나 로열티처럼 지속적인 수익이 생기는 플랫폼 사업 등을 마련해 둔다면 경제적 자유를 달성하는 데 크게 도움이 될 것이다.

부모에게 재산을 상속받았거나, 젊은 시절 많은 돈을 저축한 파이어족, 혹은 30년 이상 직장생활로 충분한 연금을 마련해 경제적 자유를 확보했다 하더라도 100세 시대를 살아가는 데 일자리나 일거리가 없다면 삶에서 즐거움을 찾기 어렵지 않을까 싶다.

일자리와 일거리는 분명한 차이가 있다. 일자리는 반드시 소득이 동반되는 일을 뜻하지만 일거리는 사회 공헌이나 봉사처럼 소득이 없는 활동을 말한다. 나이가 들어 65세 이상이 되면 일자리를 계속 이어가기는 쉽지 않을 것이다. 그러나 경제적 자유를 확보했다면 일자리와 일거리를 구별할 필요가 없다. 소일거리라도 꾸준히 무언가를 계속하는 것이 건강에 좋다는 것은 누구나 알고 있는 사실이다.

10여 년 전 우리보다 고령화가 먼저 진행된 일본을 방문했을 때였다. 일본증권거래소에서 증권을 세고 있는 나이가 지긋해 보이는 분들을 보았는데, 그분들이 젊은 시절 사회적으로 인정받던 분들이었다는 이야기를 듣고 깜짝 놀란 경험이 있다. 또 최근 5년 전 일본 여행에서 나리타공항과 하네다공항을 이용했을 때, 안내를 맡은 이들 다부분이 중·장년층이라는 사실을 접했는데, 나이가 들어서도 계속 일하는 즐거움을 찾는 그들의 모습이 인상 깊었다.

경제적 자유를 확보하고 일자리나 일거리가 있어도 신체적 건강이 뒷받침되지 않으면 아무것도 할 수가 없다. 은퇴 이후 시간이 많아도 신체적 건강이 따라주지 않으면 해외는커녕 국내 여행조차 할 수 없다. "건강을 잃으면 모든 것을 잃는다"는 말처럼 젊은 시절부터 건강 관리를 잘하는 것이 바람직하다. 살아내기 바빠 건강을 돌보지 못한 채 어느새 중년이나 노년에 들어섰다 해도 늦지 않았다. 지금부터라도 운동을 시작한다면 신체 건강을 지켜낼 수 있다.

필자의 멘토 중 한 분인 이순국 회장님은 신호그룹이라는 재계 30대

그룹 CEO로 재직하던 중 IMF 외환위기로 경영의 큰 위기를 맞았다. 더불어 일본 여행 중 협심증으로 쓰러지는 경험도 했다. 이를 계기로 신체 건강의 중요성을 절실히 깨달아 70세에 운동을 시작했으며, 현재 82세의 나이에도 건강을 유지하며 왕성한 강연 활동과 함께 최근 세 권의 저서를 출간했다.

그리고 필자의 제1의 멘토인 김형석 연세대 명예교수님은 자택의 1~2층을 오르내리는 것을 일상적인 운동으로 삼아왔다. 그 결과, 104세가 된 지금도 왕성하게 강연을 이어가며 집필에도 전념하고 있다.

신체 건강을 위해서 무리 없이 할 수 있는 운동으로는 걷기와 가벼운 달리기, 그리고 스쿼트 같은 운동이 있다. 다만 신중년분들은 여유가 있다면 운동 전문가의 도움을 받아 근력 운동을 체계적으로 하는 것이 바람직하다.

노후에 신체 건강도 중요하지만 그 못지않게 정신 건강도 중요하다. 보건복지부 중앙치매센터에 따르면, 2019년 기준 78만 8,000명인 65세 이상 치매 인구는 2050년 302만 3,000명까지 증가할 것으로 추정된다고 한다. 치매와 알츠하이머병은 발병 시 개인의 소중한 기억을 빼앗을 뿐 아니라 가족 공동체 전체의 삶에 심각한 영향을 미치는 질환이다. 정신 건강을 잃는다는 것은 곧 삶의 모든 것을 잃는 것과 같다. 통계는 인구 고령화 사회에서 치매 환자가 급격히 증가하고 있음을 보여주고 있다. 사전 대비 없이는 누구도 예외일 수 없다.

정신 건강을 유지하는 가장 좋은 방법 중 하나는 독서와 꾸준한 학습이다. 글을 쓰고 읽는 습관 또한 사고를 정리하고 마음을 단단히 하는 데 도움이 된다. 여기에 웃음을 더하는 것도 중요하다. 한 유튜브 방송에서는 이를 '스마일'이라 부르며, "스쳐도 웃고, 마주쳐도 웃고, 의도적으로 웃어보라"고 권고한다

2. 신중년의 기본 운동인 걷기와 달리기의 생활화

필자는 매일 오전 7시와 오후 7시에 각각 1시간씩 약 5,000보(3.5km)를 걷고 달리며 하루 총 2시간을 운동에 투자하고 있다.

일각에서는 단순한 걷기만으로는 운동 효과가 충분치 않으며, 빠른 보행이나 간헐적으로 숨이 찰 정도의 달리기를 병행하는 것이 더욱 효과적이라고 말한다.

아래에 효과적인 걷기 방법을 단계별로 정리해 보았다.

운동 효과를 높이는 걷기 방법

1. 올바른 자세 유지하기
   - 고개를 들고 3~6m 앞을 바라보기

- 어깨에 힘을 빼고 등을 곧게 펴되 경직되지 않게 하기
- 엉덩이는 수평을 유지하고 허리는 과도하게 흔들지 않도록 유의하기

2. 팔과 다리의 움직임 조화
팔은 90도로 구부리고 다리와 반대 방향으로 자연스럽게 스윙하며 발은 뒤꿈치부터 착지해서 발끝으로 밀어내며 걷는다.

3. 속도 조절로 운동 효과 극대화
빠르게 걷기와 천천히 걷기를 번갈아 반복하면 심박수를 높여 혈관 건강과 체지방 감소에 효과적이다.

4. 꾸준한 실천과 생활화
하루 30분 이상, 주 5회 이상 걷기를 목표로, 말하면서 숨이 찰 정도의 속도가 가장 효과적이다.

필자의 경우 2024년부터 '반기문마라톤대회'에 참여하여 건강 마라톤 코스인 5km를 달리고 있다. 날씨에 따라 좌우되기는 하지만 60대의 신중년이 할 수 있는 마라톤으로 적당한 것 같다. 건강을 위해서 앞으로도 매년 계속해서 마라톤에 참여할 계획이다.

신중년에게 추천하는 마라톤 대회 TOP 6

대회명	날짜	장소	코스	특징
여주세종대왕마라톤	10월 19일	경기 여주	하프/10K/4K	세종대왕 유적지 주변
유성국화마라톤	10월 26일	대전 유성	10K/5K	국화 축제, 가족 단위
평화통일마라톤	11월 16일	경기 파주	하프/8.15K/5K	임진강 인근, 평화 테마
부산바다마라톤	10월 26일	부산 해운대	10K/5K	바다 풍경, 힐링 코스
충주마라톤	10월 25일	충북 충주	하프/10K/5K	중부권 대표, 코스 완만
반기문마라톤	매년 봄(일)	충북 음성	풀/하프/10K/5K	반기문 UN사무총장

3. 신중년의 근육 운동 필요성

신중년에게 근육 운동은 단순한 체력 관리가 아니라 삶의 질과 생존율을 좌우하는 핵심 활동이다. 나이가 들면 근육량이 자연스럽게 줄어들고, 이를 방치하면 근감소증으로 이어져 낙상, 골절, 만성 질환 위험이 급증한다. 그러므로 근육 운동을 꾸준히 실천하는 것은 건강한 노후를 위한 필수 조건이다.

(1) 신중년 추천 근육 운동

운동	효과	팁
스쿼트	하체 근력 강화, 낙상 예방	의자에 앉았다 일어나는 방식으로 시작
팔굽혀 펴기	상체 근육 강화	무릎을 바닥에 대고 시작해도 OK
덤벨 운동	팔·어깨 근육 강화	1~2kg으로 시작, 천천히 반복
플랭크	복부·체간 안정화	10초부터 시작해 점차 늘리기

(2) 근육 운동의 효과

1) 근육량 유지 및 근감소증 예방

40대 이후부터 근육량은 매년 1%씩 감소하며, 70대엔 절반 가까이 줄어들게 된다. 근육 운동은 근육 섬유를 자극해 성장과 유지를 돕고, 낙상·골절 위험을 줄여준다.

2) 기초대사량 증가 → 체중 관리에 도움

근육은 에너지 소비량이 높은 조직이라, 근육량이 많을수록 기초대사량이 높아져 같은 식사량에도 체중이 덜 늘어난다. 특히 40대 이후엔 10년마다 기초대사량이 약 5%씩 감소하므로, 이를 막기 위해 근육 운동이 꼭 필요하다.

3) 혈당·콜레스테롤 조절

근육은 당을 저장하고 사용하는 주요 기관이라, 근육량이 많을수록 혈당 조절 능력이 향상된다. 당뇨병 예방뿐 아니라 지질 대사 개선에도 효과적이다.

4) 골밀도 향상 → 골다공증 예방

근육이 뼈를 당기며 자극을 주기 때문에, 근력 운동은 골밀도 증가에 직접적인 영향을 준다. 특히 여성 신중년에게는 폐경 이후 골밀도 감소를 막는 데 매우 중요하다.

5) 정신 건강 개선

근육 운동은 세로토닌, 도파민, 엔도르핀 분비를 촉진해 우울감 완화, 스트레스 해소에 효과적이다. 새로운 동작을 배우거나 그룹 운동에 참여하면 사회적 연결감도 높아진다.

6) 일상 기능 유지 → 독립적 삶 유지

계단 오르기, 장보기, 앉았다 일어나기 같은 일상 동작을 자신 있게 수행할 수 있게 된다. 이는 품위 있는 노후를 위한 핵심 요소이다.

요약하면 근육 운동은 단순히 '힘을 키우는 것'이 아니라 몸의 에너지 시스템을 활성화하고, 뼈를 보호하며, 마음까지 튼튼하게 만드는 전신 건강 전략이다.

4. 신중년과 가족 운동인 파크골프를 만나다

필자는 40대 시절부터 골프를 배우고자 지인들과 가끔 필드에 나가곤 했으나, 시간과 비용의 부담 때문에 꾸준히 하기가 어려웠다. 그러던 중 2025년 봄, 지자체 주관 파크골프 교육과정에 참여하면서 파크골프가 신중년에게 적합한 운동이며 동시에 온 가족이 함께 즐길 수 있는 스포츠임을 체감하게 되었다

파크골프는 '공원(Park)'과 '골프(Golf)'를 합친 말로, 자연 친화적인 환경에서 남녀노소 누구나 쉽게 즐길 수 있도록 고안된 대중 스포츠다. 일본 홋카이도에서 시작되어 한국에서도 빠르게 확산되고 있으며 노년층뿐 아니라 30~40대까지 폭넓은 인기를 얻고 있다.

(1) 파크골프의 특징

1) 장비 간소화
클럽 1개, 공 1개만 사용. 클럽은 길이 약 86cm, 무게 600g 정도로 가볍고 안전함.

2) 코스 규모
일반 골프의 1/10 수준. 1홀 평균 50~100m로 구성.

3) 이용 요금
대부분 무료 또는 1천 원~1만 원 수준으로 저렴.

4) 접근성
도심 공원, 강변 등 유휴지를 활용해 쉽게 접근 가능.

5) 대상 연령
남녀노소 누구나 가능. 특히 시니어 세대까지 모두 함께 즐길 수 있는 점이 큰 매력.

6) 준비물과 장비
클럽은 30만 원부터, 공은 플라스틱 소재로 약 5천 원~1만 원 정도, 미끄럼 방지용 장갑과 스파이크 없는 운동화 권장.

(2) 파크골프의 기본 규칙

파크골프 기본 규칙 요약

용어	설명
PAR	각 홀의 기준 타수
버디	기준 타수보다 1타 적게 성공
보기	기준 타수보다 1타 많게 성공
OB	코스 외 지역으로 공이 나간 경우 벌타
핸디캡	초보자나 고령자에게 주는 타수 혜택

파크골프에서 파(PAR)는 각 홀의 기준 타수를 의미한다. 기준 타수보다 1타 적게 치고 마치면 '버디', 기준 타수보다 1타를 많이 치고 마치면 '보기'라고 한다. OB는 공이 코스 밖으로 나간 경우로 벌타가 주어진다. 핸디캡은 초보자나 고령자에게 주는 타수 혜택을 뜻한다.

파크골프는 9홀 또는 18홀로 진행되며, 적은 타수를 기록한 사람이 승리한다. 플레이 순서는 티샷 후 가장 먼 거리에 위치한 공부터 진행한다. 벌타는 일반적으로 2타가 부과되는 것이 원칙이다.

(3) 파크골프의 매력

1) 간편함

복잡한 규칙 없이 누구나 쉽게 입문 가능.

2) 건강 효과
걷기 + 스윙으로 체력 향상.

3) 사회적 활동
가족, 친구, 동호회 회원들과 함께 즐길 수 있음.

4) 에티켓 중심
안전거리 유지, 코스 훼손 금지 등 기본 매너.

파크골프는 단순한 운동을 넘어 건강, 여가, 사회적 교류를 모두 만족시키는 스포츠라고 볼 수 있다.

(4) 파크골프를 배우려면

파크골프를 배우는 건 생각보다 훨씬 쉽고 즐거운 여정이 될 수 있으며 요즘은 신중년뿐 아니라 다양한 연령층에서 인기를 끌고 있어서 입문하기 좋은 분위기이다.

1) 입문 단계: 어떻게 시작할까?
처음에는 스윙 자세, 클럽 잡는 법, 기본 규칙 등을 배우는 게 중요하다. 라운드 파크골프 아카데미 같은 곳에서는 1:1 맞춤형 레슨을 제공하고 있다. 스크린 파크골프장에서는 날씨에 구애받지 않고 실내에서 연습할 수 있다. 일부 지역에서는 무료 강습도 운영 중이다.

2) 실전 연습: 감각 익히기

전국에 400개 이상의 파크골프장이 있어 접근성이 좋은 편이므로 거주지역 인근부터 찾아보면 된다. 동호회 또는 클럽에 가입하여 다른 사람들과 함께 라운딩하고 실력을 키울 수 있다. 정기 모임과 이벤트도 많다.

(5) 자격증을 따고 싶다면?

대한파크골프협회 자격증 과정 공식 자격증을 취득하면 지도자나 심판으로 활동할 수 있다. 자세한 절차는 협회 공식 홈페이지에서 확인할 수 있다.

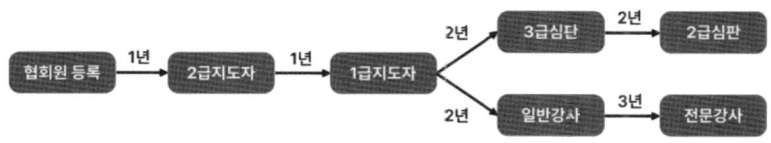

구분	설명
협회원 등록	각 시도 파크골프협회 회원 등록 신청
2급 지도자	본 협회 회원 등록 후 1년 이상 활동한 자
1급 지도자	1) 본 협회 2급 지도사 자격 취득 후 1년 이상 경과한 자 2) 스포츠지도사 자격 취득 후 1년 이상 경과한 자 3) 체육계열 대학 졸업(예정)자 *졸업(예정)증명서 필수 제출 4) 위의 해당자 외에 이사회 의결로 결정된 자
3급 심판	본 협회 회원으로서 아래 항목 중 하나에 해당한 자 1) 본 협회 1급 지도자 취득 후 2년 이상 경과한 자 2) 파크골프 종목으로 스포츠지도사 자격 취득 후 2년 경과자

2급 심판	본 협회 회원으로서 아래 항목 중 모두 해당되는 자 1) 본 협회 3급 심판 취득 후 2년 이상 심판 활동한 자 2) 심판보수교육 이수자로서 심판위원회 2년 평가 A등급
일반 강사	본 협회 회원으로서 아래 항목 중 하나에 해당한 자 1) 본 협회 1급 지도자 취득 후 2년 이상 활동한 자 2) 파크골프 종목으로 스포츠지도사 자격증과 본 협회 1급 자격증을 모두 취득한 자 3) 대한파크골프협회장이 추천한 자
전문 강사	본 협회 회원으로서 아래 항목 중 하나에 해당한 자 1) 일반 강사 자격 취득 후 3년 이상 활동한 자 2) 파크골프 관련 학사학위 이상 취득자

출처: 대한파크골프협회 홈페이지

최근에 파크골프가 인기가 높아지면서 일부 대학에서는 파크골프학과를 정식 학과로 신설하고 평생교육원에서도 파크골프 관련 교육과정을 잇달아 개설하고 있다.

파크골프를 진지하게 배우고 싶은 분들을 위해, 국내 일부 대학에서 파크골프 전문 학과를 운영하고 있다. 단순한 취미를 넘어 지도자, 경영자, 산업 전문가로 성장할 수 있는 길을 마련해 주고 있는 것이다.

국내 파크골프 관련 학과 개설 대학

대학명	학과명	위치	특징 및 장점
영진전문대학교	파크골프경영과	경북 칠곡군	국내 최초 학위
구미대학교	파크골프지도과	경북 구미시	18홀 실습장 완비
한국승강기대학	파크골프학과	경남 거창군	산업 전반 이해
인제대학교	파크골프기초반	경남 김해시	평생교육원
부산대학교	파크골프전문가	경남 밀양시	실내외 병행수업

5. 건강 멘토,
이순국 회장을 책에서 만나다

필자는 한국경제신문에서 출간된 《나는 일흔에 운동을 시작했다》를 읽으면서 이순국 전 신호그룹 회장을 알게 되었다. 이후 그를 건강 멘토로 삼아 꾸준히 벤치마킹하며 삶의 지침으로 삼고 있다.

이 책의 내용을 요약하면 다음과 같다.

(1) 내용 요약

이 책은 총 3장으로 구성되어 있다. 1장은 〈운동으로 다시 찾은 젊음〉으로 3개 파트, 2장은 〈노년을 위한 운동법은 따로 있다〉로 6개 파트, 3장은 〈운동 효과 백배 올리는 상식 백과〉로 6개 파트이다.

이 책에는 70세에 운동을 시작해 77세에 운동생리학 박사가 된 이순국 회장의 '신체 개조 스토리'가 담겨있다. 그는 자신의 몸을 통해 운동이 신체에 미치는 영향을 직접 실험하고, 이를 데이터와 사례 중심으로 풀어냈다. 60대 중반인 필자의 관점에서도 내용이 매우 깊이 있으며, 진정한 멘토로 삼고 싶을 정도로 울림이 크다.

(2) 1장 〈운동으로 다시 찾은 젊음〉 요약

1) 10년은 더 젊게

1942년생인 저자는 대구에서 태어나 서울대 경제학과를 졸업하고 공인회계사로 일하면서 신호그룹을 국내 재계 순위 25위까지 키워냈다. 1997년 IMF 사태로 부도를 맞이하면서 그에 대한 책임을 지고 경영에서 물러났고, 2011년 해외여행 중 협심증으로 병원 신세를 지면서 자신의 몸 상태가 얼마나 심각한지 깨닫게 되었다.

그러던 중에 친형(전 우방그룹 이순목 회장)이 74세라는 창창한 나이에 세상을 떠나는 것을 보고 건강의 중요성을 더욱 절실하게 느끼면서 70세에 운동을 하기로 마음먹고 서울과학기술대학교 대학원 스포츠과학과에서 운동생리학 석사과정을 밟은 뒤 상명대학교 대학원 박사과정으로 진학해, 노인을 위한 운동법을 본격적으로 연구했다.

그는 나이가 들수록 유산소 운동뿐 아니라 근력을 기르고 근육을 강화하는 저항성 운동에도 많은 시간을 투자해야 한다고 주장한다. 이어서 자신이 직접 경험한 신체 변화를 근거로, 운동을 통해 나타난 효과들을 제시하였다. 구체적으로는 ① 키가 커짐, ② 골밀도 향상, ③ 신체 구조 변화, ④ 심박수 감소, ⑤ 근력 증가, ⑥ 최대 산소 섭취량 증가, ⑦ 평형성 향상 등이 있었다.

2) 일흔 살 이후의 운동법

저자는 매일 규칙적으로 운동하며 유산소 운동과 저항성 운동의 균형을 지키는 동시에, 충분한 수분 섭취도 중요하게 여겼다. 그는 운동만큼이나 수분 섭취가 더 중요하다고 강조하며, 자신은 매일 아침 조깅 전후에 500mL 생수 한 통 반을 마시고, 오후 근력 운동 전후에도 같은 양을 마신다고 했다. 또 항상 생수 한 통은 들고 다니며 수시로 목을 축이고 하루 2L 이상 물을 마시는 습관을 유지하려 한다고 덧붙였다.

저자는 해외여행 중 일어났던 협심증의 원인도 수분 부족에서 비롯된 것임을 알게 되었으며, 이는 혈액이 끈끈해지면서 혈류에 영향을 미친 결과라고 설명했다. 그리고 살을 빼는 유산소 운동과 근육을 키우는 저항성 운동을 동시에 했다고 하면서 유산소 운동으로는 걷기, 달리기, 자전거 타기, 저·중강도의 구기 운동을 예로 들었다. 저항성 운동은 운동 프로그램의 원리와 F.I.T.T(빈도, 강도, 유형, 시간) 원칙에 따라 구성했으며, 부위별·요일별 종목을 일목요연하게 정리해 놓았다.

3) 운동만큼이나 중요한 건강 식단

저자는 건강하게 살아가기 위해서는 신체 건강 유지와 일상생활을 영위하는 데 필요한 에너지 공급이 필수적이라고 강조했다. 이어서 건강을 위한 영양소 섭취 방법과 자신에게 맞는 식단 짜기 등을 그림과 표를 통해 자세히 설명하였다.

(3) 2장 〈노년을 위한 운동법은 따로 있다〉 요약

1) 과학이 증명한 운동 효과

노화의 원인, 산화 스트레스를 낮추는 운동, 운동을 시작한 뒤 나타난 신체 변화, 골밀도가 증가하는 운동, 그리고 단기간 운동으로도 향상된 신체 기능 등의 내용이 실제 실험 데이터를 통해 설명되어 있다.

2) 운동의 시작은 내 몸을 제대로 아는 것부터

체성분 분석표 읽기, 체성분 분석표만 보아도 건강이 보인다, 호흡이 중요한 이유, 산소 섭취 능력과 심장박동, 호흡계는 어떻게 움직일까? 피가 잘 돌아야 건강하다, 에너지를 공급하는 다양한 영양소, 무시하면 안 되는 무기질 등의 내용이 일목요연하게 정리되어 있다.

3) 노화를 제대로 이해하자

유전학으로 본 노화, 손상에 의한 노화, 활성산소를 잡아라, 점진적인 불균형에 의한 노화, 신체 내부의 균형이 중요하다, 노화 현상의 구체적인 특징 등의 내용이 설명되어 있다.

4) 운동이 우리 몸에 미치는 영향

유산소 운동으로 심장과 폐를 튼튼하게, 근육량은 늘리고 체지방은 줄인다, 운동은 골밀도를 증가시킨다, 유산소 운동과 저항성 운동은 나란히 하라 등의 내용이 기술되어 있다.

5) 운동하기 전 반드시 알아둘 것들

지금 나의 신체, 심리 상태를 제대로 알자, 체력에 대한 이해, 운동 프로그램의 다양한 구성 등의 내용이 상세하게 정리되어 있다.

6) 노화를 멈추는 운동법

유산소 운동과 저항성 운동, 운동 프로그램의 다양한 원리, 트레이닝 방법, 저항성 운동 모델, 주기화와 비주기화, 노년을 위한 운동 프로그램, 운동 일지 등의 내용이 상세하게 기술되어 있다.

(4) 3장 〈운동 효과 백배 올리는 상식 백과〉 요약

1) 운동만큼 중요한 영양 섭취

운동과 탄수화물, 운동과 지질, 운동과 단백질, 운동과 비타민, 운동과 무기질, 운동과 영양소 섭취 등의 내용이 자세히 정리되어 있다.

2) 기분과 신체 흐름에 좌우되는 호르몬

호르몬이란 무엇인가, 호르몬의 운반과 작용, 운동에 따라 달라지는 호르몬의 반응 등의 내용이 알차게 수록되어 있다.

3) 운동, 면역력을 높인다.

선천 면역반응, 적응 면역반응, 유산소 운동의 효과와 부작용 등의 내용이 설명되어 있다.

4) 머리를 좋게 만드는 운동

치매도 운동하면 나아질까, 치매 환자의 운동 효과와 영양 관리, 우울증 개선을 위한 운동 등의 내용이 소개되어 있다.

5) 이런 곳, 이런 때 운동해도 괜찮을까?

고지대에서의 운동, 수중에서의 운동, 고온 환경에서의 운동, 저온 환경에서의 운동, 오염된 공기 환경에서의 운동 등의 내용이 상세하게 설명되어 있다.

6) 운동과 위험 관리

일반적 응급처치법, 개별 응급처치법 등의 내용이 자세하게 소개되어 있다.

(5) 필자의 소감

어느덧 본격적인 60대에 접어든 필자로서는 이번 책의 내용이 하나하나 깊이 와 닿았다. 필자는 과거 이순국 저자의 친형인 이순목 회장을 모시고 10년간 근무한 경험이 있어서 그전부터 저자를 잘 알고 있었다. 그러나 그가 서울대 출신 공인회계사로 신호그룹을 재계 25위까지 성장시킨 성공 신화의 주인공이었다는 사실, 그리고 IMF 사태로 모든 것을 잃은 뒤 해외여행 중 협심증으로 쓰러진 일을 계기로 건강의 소중함을 절실히 깨달았다는 사실을 뒤늦게 알고 매우 놀랐다.

70세가 넘어서 운동생리학 석·박사과정을 이수하며 스스로의 몸을 새롭게 단련해 온 저자의 드라마틱한 삶은 깊은 감동을 주었다. 무엇보다도 그는 필자가 한국방송통신대학교 생활체육학과에 편입을 결심하게 된 큰 동기를 주었다.

6. 마무리하며

신중년의 삶은 아직도 길고, 그 여정은 우리가 어떻게 준비하느냐에 따라 달라진다. 경제적 자유와 건강, 그리고 일상의 작은 즐거움은 결코 따로 존재하지 않는다. 지금 이 순간부터 하루하루를 지혜롭게 관리하고, 몸과 마음을 돌보며, 삶의 균형을 찾아간다면, 신중년의 시간은 새로운 도약의 계절이 될 것이다.

>>> 참고문헌

- 이순국, 《나는 일흔에 운동을 시작했다》, 한국경제신문, 2018.
- 대한파크골프협회 홈페이지(http://www.kpga7330.com)
- 인공지능 코파일럿(Copilot)

>>> 저자소개

김영기 KIM YOUNG GI

학력
- 영어영문학·사회복지학·교육학 학사 졸업
- 신문방송학 석사 졸업·고령친화산업학 석사 수료
- 경영학 박사·부동산경영학 박사 졸업·사회복지상담학 박사 수료

경력
- 미국 캐롤라인대학교 경영학과 교수
- KCA한국컨설턴트사관학교 총괄교수
- KBS면접관 / kpc부설 '한국사회능력개발원' 면접관교육 총괄교수
- 정보통신산업진흥원 등 10여 개 기관 심사평가위원
- 중소기업중앙회 노란우산 경영지원단 전문위원
- 서울시·중앙대·남서울대·경남신보·전남신보·대구신보 전문강사
- 중앙대·경기대·세종대·강남대·한국산업기술대 강사 역임

자격
- 경영지도사·국제공인경영컨설턴트(ICMCI CMC)

- 사회적기업코칭컨설턴트·협동조합코칭컨설턴트
- 창직컨설턴트 1급·창업지도사 1급·브레인컨설턴트·국가공인브레인트레이너·HR전문면접관 (1급)자격증·ISO국제선임심사위원(ISO9001, ISO14001, ISO27001)

저서

- 《부동산경매사전》, 일신출판사, 2009. (김형선 외 4인)
- 《부동산용어사전》, 일신출판사, 2009. (김형선 외 4인)
- 《부동산경영론연구》, 아이피알커뮤니케이션, 2010. (김영기)
- 《성공을 위한 리허설》, 행복에너지, 2012. (김영기 외 20인)
- 《억대 연봉 컨설턴트 프로젝트》, 시니어파트너즈, 2013. (김영기)
- 《경영지도사 로드맵》, 시니어파트너즈, 2014. (김영기)
- 《메타 인지 학습 : 브레인 컨설턴트》, e경영연구원, 2015. (김영기)
- 《메타 인지 학습 : 진짜 공부 혁명》, e경영연구원, 2015. (양영종 외 2인)
- 《창업과 경영의 이해》, 도서출판 범한, 2015. (김영기 외 1인)
- 《NEW 마케팅》, 도서출판 범한, 2015. (변명식 외 3인)
- 《브레인 경영》, 도서출판 범한, 2016. (김영기 외 7인)
- 《저작권 진단 및 사업화 컨설팅(서진씨엔에스, 쿠프, 아이스페이스)》, 충청북도지식산업진흥원, 2017. (김영기)
- 《저작권 진단 및 사업화 컨설팅(와바다다)》, 강릉과학산업진흥원, 2018. (김영기)
- 《공공기관 합격 로드맵》, 브레인플랫폼, 2019. (김영기 외 20인)
- 《브레인경영 비즈니스모델》, 렛츠북, 2019. (김영기 외 6인)
- 《저작권 진단 및 사업화 컨설팅(파도스튜디오)》, 강릉과학산업진흥원, 2019. (김영기)
- 《2020 소상공인 컨설팅》, 렛츠북, 2020. (김영기 외 9인)
- 《공공기관·대기업 면접의 정석》, 브레인플랫폼, 2020. (김영기 외 20인)
- 《인생 2막 멘토들》, 렛츠북, 2020. (김영기 외 17인)
- 《4차 산업혁명 시대 AI 블록체인과 브레인경영》, 브레인플랫폼, 2020. (김영기 외 21인)
- 《재취업전직지원서비스 효과적 모델》, 렛츠북, 2020. (김영기 외 20인)
- 《미래 유망 자격증》, 렛츠북, 2020. (김영기 외 19인)
- 《창업과 창직》, 브레인플랫폼, 2020. (김영기 외 17인)
- 《경영기술컨설팅의 미래》, 브레인플랫폼, 2020. (김영기 외 18인)

- 《공공기관 합격 노하우》, 브레인플랫폼, 2020. (김영기 외 20인)
- 《신중년 도전과 열정》, 브레인플랫폼, 2020. (김영기 외 18인)
- 《저작권 진단 및 사업화 컨설팅(더웨이브컴퍼니)》, 강릉과학산업진흥원, 2020. (김영기)
- 《4차 산업혁명 시대 및 포스트 코로나 시대 미래 비전》, 브레인플랫폼, 2020. (김영기 외 14인)
- 《소상공인&중소기업컨설팅》, 브레인플랫폼, 2020. (김영기 외 15인)
- 《미래 유망 기술과 경영》, 브레인플랫폼, 2021. (김영기 외 21인)
- 《공공기관 채용의 모든 것》, 브레인플랫폼, 2021. (김영기 외 20인)
- 《신중년, N잡러가 경쟁력이다》, 브레인플랫폼, 2021. (김영기 외 22인)
- 《안전기술과 미래경영》, 브레인플랫폼, 2021. (김영기 외 21인)
- 《퇴직전문인력 일자리 활성화를 위한 '경영지도 및 진단전문가' 모델 사례연구》, 한국연구재단, 2021. (김영기)
- 《창직형 창업》, 브레인플랫폼, 2021. (김영기 외 17인)
- 《신중년 도전과 열정 2021》, 브레인플랫폼, 2021. (김영기 외 17인)
- 《기업가정신과 창업가정신 그리고 창직가정신》, 브레인플랫폼, 2021. (김영기 외 12인)
- 《4차 산업혁명 시대 AI 블록체인과 브레인경영 2021》, 브레인플랫폼, 2021. (김영기 외 8인)
- 《ESG경영》, 브레인플랫폼, 2021. (김영기 외 23인)
- 《메타버스를 타다》, 브레인플랫폼, 2021. (강일모, 김영기 외 20인)
- 《N잡러 시대, N잡러 무작정 따라하기》, 브레인플랫폼, 2021. (김영기 외 15인)
- 《10년 후의 내 모습을 상상하라》, 브레인플랫폼, 2022. (김경기 외 10인)
- 《공공기관 채용과 면접의 기술》, 브레인플랫폼, 2022. (김영기 외 19인)
- 《N잡러 컨설턴트 교과서》, 브레인플랫폼, 2022. (김영기 외 25인)
- 《프롭테크와 메타버스NFT》, 브레인플랫폼, 2022. (김영기 외 11인)
- 《팔도강산 팔고사고》, 브레인플랫폼, 2022. (김용국, 김영기 외 6인)
- 《정부·지자체의 창업지원금 및 지원제도의 모든 것》, 브레인플랫폼, 2022. (김영기 외 10인)
- 《미래를 위한 도전과 열정》, 브레인플랫폼, 2022. (김영기 외 7인)
- 《AI 메타버스시대 ESG 경영전략》, 브레인플랫폼, 2022. (김영기 외 24인)
- 《퇴직전문인력 일자리 활성화를 위한 경영지도 및 진단전문가 모델 사례연구》, 유페이퍼, 2022. (김영기)
- 《창업경영컨설팅 현장사례》, 브레인플랫폼, 2022. (윤성준, 김영기 외 6인)
- 《채용과 면접 교과서》, 브레인플랫폼, 2023. (김영기 외 15인)

- 《100세 시대 평생교육 평생현역》, 브레인플랫폼, 2023. (김영기 외 20인)
- 《모빌리티 혁명》, 브레인플랫폼, 2023. (김영기, 이상헌 외 9인)
- 《평생현역 N잡러 도전기》, 브레인플랫폼, 2023. (김영기 외 15인)
- 《미래 유망 일자리 전망》, 브레인플랫폼, 2023. (김영기 외 19인)
- 《창업경영컨설팅 방법론 및 사례》, 브레인플랫폼, 2023. (김영기 외 13인)
- 《AI시대 ESG 경영전략》, 브레인플랫폼, 2023. (김영기 외 12인)
- 《평생현역을 위한 도전과 열정》, 브레인플랫폼, 2023. (김영기 외 9인)
- 《멘토들과 함께하는 인생 여정》, 브레인플랫폼, 2024. (김영기 외 8인)
- 《ESG경영 사례연구》, 브레인플랫폼, 2024. (김영기 외 13인)
- 《초고령사회 산업의 변화》, 브레인플랫폼, 2024. (김영기 외 8인)
- 《건강한 경제적 자유》, 브레인플랫폼, 2024. (김영기 외 6인)
- 《신중년 적합 교육 및 일자리 연구》, 브레인플랫폼, 2024. (김영기 외 8인)
- 《메가트렌드 ESG, DX, AI 연구》, 브레인플랫폼, 2024. (김영기 외 10인)
- 《인공지능 사회 안전기술과 안전경영》, 브레인플랫폼, 2025. (김영기 외 14인)
- 《재테크 실전 노하우》, 브레인플랫폼, 2025. (김영기 외 8인)
- 《신중년 건강 관리 노하우》, 브레인플랫폼, 2025. (김영기 외 5인)

저서
- 문화관광부장관표창, 2012.
- 대한민국청소년문화대상, 2015.
- 대한민국교육문화대상, 2016.
- 대한민국신지식인(교육분야)인증, 2020.

2장 | 오승택

헬스케어와 헬스테크의 미래 : 기술 융합과 혁신 전략

1. 서론:
헬스케어 패러다임의 변화

(1) 배경 및 목적

현대 사회는 고령화, 만성 질환 증가, 그리고 팬데믹과 같은 예상치 못한 보건 위협에 직면하고 있습니다. 이러한 변화는 전통적인 의료 시스템에 큰 부담을 주고 있으며, 기존의 치료 중심 접근 방식에서 예방 및 개인 맞춤형 관리 중심으로의 패러다임 전환을 요구하고 있습니다.

이 장에서는 이러한 배경에서 헬스케어(Health Care) 산업이 헬스테크(Health Tech)라는 혁신적인 기술과 어떻게 융합하며 새로운 가치를 창출하고 있는지 심층적으로 분석하고자 합니다. 특히 인공지능, 빅데이터, IoT 등 주요 기술 동향과 함께 디지털 치료제, 정밀 의료 등 구체적인 산업 분야를 살펴보고, 향후 극복해야 할 과제와 지속 가능한 성장을 위한 전략을 제시하는 것을 목적으로 합니다. 이를 통해 헬스케어와 헬스테크의 현재와 미래에 대한 포괄적인 이해를 돕고자 합니다.

(2) 헬스케어 산업의 현주소와 주요 도전 과제

현재의 헬스케어 산업은 병원 중심의 치료 모델에 의존하고 있습니다. 이는 환자가 질병에 걸린 후에야 병원을 찾는 수동적인 구조이며, 의료 데이터가 각 기관에 분산되어 있어 효율적인 관리가 어렵다는 문제점을 가지고 있습니다. 또한, 숙련된 의료 인력의 부족과 과도한 의료비 부담은 전 세계적인 도전 과제로 남아있습니다. 특히, 만성 질환 환자들은 지속적인 관리가 필요하지만, 병원 방문의 시간적, 금전적 제약으로 인해 관리가 소홀해지기 쉽습니다.

이러한 한계를 극복하기 위해서는 시간과 공간의 제약을 뛰어넘고, 개인의 건강을 선제적으로 관리하며, 의료 자원을 효율적으로 분배할 수 있는 새로운 접근 방식이 절실히 요구됩니다.

(3) 헬스테크의 정의 및 범위

헬스테크는 건강과 의료 분야에 첨단 기술을 접목하여 기존 헬스케어 서비스의 효율성과 접근성을 향상시키는 모든 기술과 솔루션을 의미합니다. 이는 단순한 의료 기기를 넘어, 모바일 애플리케이션, 원격 의료 서비스, 인공지능 기반의 진단 솔루션, 디지털 치료제, 의료 데이터 분석 플랫폼 등 매우 광범위한 분야를 포괄합니다.

헬스테크는 궁극적으로 환자 중심의 맞춤형 건강 관리를 가능하게 하고, 의료 전문가의 역량을 강화하며, 의료 시스템 전반의 혁신을 이끌어내는 핵심적인 역할을 수행합니다.

2. 헬스테크 기술의 핵심 동향

(1) 인공지능(AI)과 머신러닝의 활용

AI는 헬스테크 분야에서 가장 혁신적인 변화를 주도하는 핵심 기술입니다. 방대한 양의 의료 데이터를 분석하고 학습하여 의료 전문가의 의사 결정을 돕거나, 복잡한 프로세스를 자동화하는 데 활용됩니다. AI는 더 이상 먼 미래의 기술이 아니라, 현재 의료 현장에서 실제적인 가치를 창출하고 있습니다.

1) 질병 진단 및 예측

AI는 영상의학과 병리학 분야에서 특히 뛰어난 역량을 보입니다. 딥러닝 기반의 AI 모델은 엑스레이, CT, MRI와 같은 의료 영상 데이터를 분석하여 미세한 병변을 찾아내고, 인간 전문가보다 더 빠르고 정확하게 암과 같은 질병을 진단할 수 있습니다.

예를 들어, 유방암 진단 AI 솔루션은 의료 영상에서 종양의 존재 가능성을 예측하여 의료진의 진단 정확도를 높이는 데 기여합니다. 또한, 개인의 건강 데이터(유전 정보, 생활 습관, 병력 등)를 종합적으로 분석하여 미래에 발생할 수 있는 질병을 예측하고, 선제적으로 예방 조치를 취할 수 있도록 돕습니다.

2) 신약 개발 가속화

전통적인 신약 개발 과정은 막대한 비용과 긴 시간을 필요로 합니다. 하지만 AI는 이 과정을 획기적으로 단축시킵니다. AI는 수많은 화합물과 단백질의 상호 작용을 시뮬레이션하고, 잠재적인 신약 후보 물질을 빠르게 식별하여 임상 실험 성공률을 높입니다. 이는 새로운 질병 치료제를 시장에 더 빨리 출시할 수 있게 하고, 희귀 질병을 위한 맞춤형 약물 개발을 용이하게 합니다. AI 기반의 신약 개발 플랫폼은 이미 전 세계적으로 활발하게 연구 및 개발되고 있습니다.

3) 개인 맞춤형 치료

AI는 개인의 유전적 특성, 생활 습관, 질병 이력 등 다양한 데이터를 분석하여 최적의 치료 계획을 제안합니다. 예를 들어, 암 환자에게 어떤 항암제가 가장 효과적일지 예측하거나, 당뇨병 환자의 혈당 수치를 실시간으로 분석하여 식단과 운동에 대한 맞춤형 조언을 제공할 수 있습니다. 이는 '원 사이즈 핏 올(One-size-fits-all)' 방식의 한계를 극복하고, 환자 개개인에게 가장 효과적인 의료 서비스를 제공하는 데 필수적인 요소가 됩니다.

(2) 빅데이터와 클라우드 컴퓨팅

빅데이터는 헬스케어 분야의 새로운 유전자로 불립니다. 의료 영상, 전자의무기록(EMR), 유전체 데이터, 웨어러블 기기 데이터 등 방대한 양의 정보를 수집하고 분석하여 의미 있는 인사이트를 도출합니다. 클라우드 컴퓨팅은 이러한 데이터를 저장하고 처리하는 데 필요한 강력한 인프라를 제공합니다.

1) 방대한 의료 데이터 분석

헬스케어 빅데이터는 질병의 원인을 규명하고, 특정 질병의 발병 패턴을 예측하며, 공중 보건 전략을 수립하는 데 중요한 역할을 합니다. 예를 들어, 특정 지역의 독감 유행 데이터를 실시간으로 분석하여 확산을 예측하고, 정부가 선제적인 예방 조치를 취할 수 있도록 돕습니다. 또한, 임상 연구 데이터와 유전체 데이터를 결합하여 희귀 질환의 새로운 치료법을 찾는 데 활용될 수 있습니다.

2) 의료 기록 관리 및 공유

클라우드 기반의 전자의무기록(EMR) 시스템은 환자 데이터를 안전하게 저장하고, 필요하면 의료진 간에 신속하게 공유할 수 있게 합니다. 이는 환자의 과거 병력을 한눈에 파악하여 정확한 진단을 내리는 데 도움을 줄 뿐만 아니라, 의료기관 간의 원활한 정보 교류를 통해 중복 검사를 방지하고 의료 효율성을 높입니다.

(3) 사물 인터넷(IoT) 기반의 스마트 헬스케어

IoT는 헬스케어 기기들을 네트워크로 연결하여 실시간으로 건강 데이터를 수집하고 관리하는 기술입니다. 이는 환자가 병원을 벗어난 일상에서도 지속적인 건강 모니터링을 가능하게 합니다.

1) 웨어러블 기기(스마트 워치, 밴드)

스마트 워치, 헬스케어 밴드와 같은 웨어러블 기기는 심박수, 혈압, 수면 패턴, 활동량 등 개인의 생체 데이터를 실시간으로 측정합니다. 이 데이터는 스마트폰 앱을 통해 사용자가 자신의 건강 상태를 스스로 파악하고, 건강 목표를 설정하며, 생활 습관을 개선하는 데 활용됩니다. 비정상적인 데이터가 감지되면 사용자나 의료진에게 즉시 알림을 보내 응급 상황에 대비할 수 있게 합니다.

2) 스마트 병원 및 원격 환자 모니터링

병원 내부에 IoT 센서를 설치하여 환자의 상태를 실시간으로 모니터링하는 '스마트 병원'은 이미 현실화되고 있습니다. 침대에 설치된 센서는 환자의 움직임이나 호흡을 감지하여 낙상 위험을 줄이고, 의료진은 원격 모니터링 시스템을 통해 여러 환자의 상태를 동시에 관리할 수 있습니다. 또한, IoT 기기를 활용한 원격 환자 모니터링은 특히 만성 질환 환자나 거동이 불편한 노인들에게 유용합니다.

(4) 원격 의료

원격 의료(Telemedicine)는 인터넷과 통신 기술을 활용하여 환자가 병원을 방문하지 않고도 의사와 상담하거나 진료를 받을 수 있게 하는 서비스입니다. 이는 특히 지리적 접근성이 떨어지는 지역이나 의료 인프라가 부족한 곳에서 큰 가치를 발휘합니다.

1) 온라인 상담 및 진료

화상 통화나 채팅을 통해 의사와 직접 소통하며 진료를 받을 수 있습니다. 단순한 증상 상담, 처방전 발급, 그리고 건강 관련 질의 응답 등 다양한 서비스가 제공됩니다. 이는 환자의 편의성을 높이고, 병원 대기 시간을 줄이며, 의료비 절감 효과를 가져옵니다.

2) 만성 질환 관리 솔루션

고혈압, 당뇨병 등 꾸준한 관리가 필요한 만성 질환 환자들은 원격 의료 솔루션을 통해 정기적으로 혈압이나 혈당 수치를 의료진에게 전송하고, 이에 대한 피드백을 받을 수 있습니다. 이는 환자가 자신의 건강을 능동적으로 관리할 수 있도록 동기를 부여하며, 합병증을 예방하는 데 큰 도움이 됩니다.

(5) 블록체인 기술의 적용

블록체인은 분산된 데이터 저장 및 공유 기술로, 의료 데이터의 보안과 투명성을 확보하는 데 중요한 역할을 합니다.

1) 의료 데이터 보안 및 무결성 확보

의료 데이터는 매우 민감하고 중요하기 때문에 해킹과 위조로부터 보호되어야 합니다. 블록체인은 데이터를 분산하여 저장하고, 모든 거래 기록을 암호화하여 위변조를 불가능하게 만듭니다. 이를 통해 환자의 의료 기록이 안전하게 보호되며, 무결성이 보장됩니다.

2) 환자 중심의 데이터 소유권

현재는 환자 개개인의 의료 데이터가 각 병원에 분산되어 소유 및 관리가 어렵습니다. 블록체인을 활용하면 환자가 자신의 의료 데이터에 대한 소유권을 가지고, 필요할 때 원하는 의료기관에 데이터를 제공할 수 있습니다. 이는 환자 중심의 의료 생태계를 구축하는 데 기여합니다.

3. 헬스테크 산업의 주요 분야와 사례

(1) 디지털 치료제

1) 개념 및 시장 성장 동력

디지털 치료제(Digital Therapeutics, DT)는 약물이나 의료 기기가 아닌, 소프트웨어 형태로 질병을 예방, 관리, 치료하는 의료 기기입니다. 마치 '앱으로 먹는 약'이라고 할 수 있습니다. 스마트폰 앱이나 게임 형태로 제공되며, 환자의 행동을 교정하거나 인지 기능을 개선하여 치료 효과를 냅니다. 고령화, 정신 건강 문제 증가, 그리고 만성 질환 관리의 필요성 증가는 디지털 치료제 시장의 폭발적인 성장을 이끌고 있습니다.

2) 주요 디지털 치료제 사례(정신 건강, 당뇨병 등)

① 정신 건강: 불안 장애, 우울증, 불면증 등을 위한 앱이 개발되고 있습니다. 인지 행동 치료(CBT) 원리를 기반으로 한 앱은 환자가 스스로 부정적인 사

고 패턴을 인식하고 개선하도록 돕습니다.

② 당뇨병: 혈당 관리 앱은 환자가 식단, 운동, 약물 복용 등을 기록하면, AI가 이를 분석하여 맞춤형 조언을 제공하고 혈당 관리를 돕습니다.

(2) 정밀 의료

1) 유전체 분석과 개인 맞춤형 치료

정밀 의료(Precision Medicine)는 개인의 유전적, 환경적 요인, 생활 습관 등을 종합적으로 분석하여 최적의 의료 서비스를 제공하는 새로운 접근 방식입니다. 특히 유전체 분석 기술의 발전은 정밀 의료를 현실화하는 데 결정적인 역할을 했습니다. 개인의 DNA 염기 서열을 분석하여 특정 질병에 대한 취약성을 예측하거나, 특정 약물에 대한 반응을 미리 파악하여 부작용을 최소화할 수 있습니다.

2) 유망 스타트업 및 기술 동향

정밀 의료 분야에서는 유전체 분석 데이터를 기반으로 암 진단 및 치료법을 제공하는 스타트업, 개인 맞춤형 식단 및 영양제를 추천하는 기업 등이 활발하게 활동하고 있습니다. 이들은 AI와 빅데이터 기술을 활용하여 방대한 유전체 데이터에서 의미 있는 패턴을 찾아내고, 이를 상용화된 서비스로 연결하고 있습니다.

(3) 재활 및 보조 기술

1) 로봇 및 웨어러블 로봇

재활 치료에 로봇 기술이 접목되면서 환자 맞춤형 정밀 재활이 가능해졌습니다. 로봇은 환자의 근육 움직임을 보조하거나, 반복적인 훈련을 통해 근력을 회복시키는 데 도움을 줍니다. 하반신 마비 환자를 위한 웨어러블 로봇은 스스로 걸을 수 있도록 보조하며 삶의 질을 획기적으로 향상시킵니다.

2) 가상현실(VR) 및 증강현실(AR)을 활용한 재활

VR과 AR 기술은 환자에게 몰입감 있는 재활 훈련 환경을 제공합니다. 가상현실 속에서 게임을 하듯 재활 운동을 하면, 환자는 지루함을 덜 느끼고 동기 부여를 받을 수 있습니다. 또한 AR 기술은 환자의 눈앞에 가상의 물체를 띄워 환자가 이를 잡거나 움직이도록 유도하여 손과 팔의 운동 기능을 회복시키는 데 활용됩니다.

(4) 웰니스 및 예방 헬스케어

1) 건강 관리 앱 및 플랫폼

운동 기록, 칼로리 계산, 수면 패턴 분석 등 다양한 건강 데이터를 추적하는 앱은 사용자가 자신의 건강 상태를 꾸준히 모니터링하고 관리할 수 있도록 돕습니다. 이는 질병이 생기기 전에 건강한 생활 습관을 형성하고 유지하는 데 중요한 역할을 합니다. 이러한 플랫폼은 소셜 기능을 추가하여 사용자들이 서로 동기 부여를 받을 수 있도록 합니다.

2) 개인 영양 및 식단 코칭

AI와 빅데이터 기술을 활용하여 개인의 건강 상태와 목표에 맞는 맞춤형 식단 계획을 제공하는 서비스가 주목받고 있습니다. 유전체 분석을 통해 특정 음식에 대한 알레르기나 민감도를 파악하고, 이를 기반으로 최적의 영양 정보를 제공하여 개인의 건강을 선제적으로 관리할 수 있도록 합니다.

4. 헬스케어와 헬스테크 융합의 과제와 해결 방안

(1) 데이터 프라이버시 및 보안 문제

헬스테크는 개인의 민감한 의료 데이터를 다루기 때문에 데이터 프라이버시와 보안이 가장 중요한 과제입니다. 해킹이나 데이터 유출은 환자의 신뢰를 훼손하고 심각한 문제를 야기할 수 있습니다. 이를 해결하기 위해서는 강력한 암호화 기술, 블록체인 기반의 데이터 관리 시스템, 그리고 엄격한 접근 제어 정책을 도입해야 합니다. 또한, 환자가 자신의 데이터 사용에 동의하고 통제할 수 있는 권리를 보장해야 합니다.

(2) 법적 및 규제적 장벽

많은 국가에서 원격 의료나 디지털 치료제에 대한 법적 규제가 명확하지 않아 상용화에 어려움을 겪고 있습니다. 기술의 발전 속도에 비해 규제가 따라가지 못하는 경우가 많기 때문입니다. 이를 극복하기 위해서는 정부와 민간 기업, 의료 전문가가 협력하여 새로운 기술에 대한 명확한 가이드라인을 수립하고, 환자의 안전을 최우선으로 하는 유연한 규제 환경을 마련해야 합니다.

(3) 사용자 수용성과 디지털 격차

특히 고령층이나 디지털 기기에 익숙하지 않은 사람들에게는 새로운 헬스테크 서비스가 어렵게 느껴질 수 있습니다. 이는 디지털 격차로 이어져 모두가 기술의 혜택을 누리지 못하는 문제를 야기합니다. 사용 편의성을 고려한 인터페이스를 개발하고, 교육 프로그램을 제공하며, 기술 접근성을 높이는 노력이 필요합니다.

(4) 의료 전문가와의 협업 강화 방안

헬스테크는 의료 전문가의 역할을 대체하는 것이 아니라, 그들의 역량을 강화하는 도구입니다. 하지만 일부 의료진은 새로운 기술에 대한 거부감을 가질 수 있습니다. 기술 개발 단계부터 의료 전문가의 의견을 반영하고, 기술의 효용성과 안전성을 명확히 입증하며, 의료진을 위한 교육 및 훈련 프로그램을 제공하여 기술 수용성을 높여야 합니다.

5. 결론 및 미래 전망

(1) 헬스테크가 가져올 미래 사회의 모습

헬스테크는 질병이 발생한 후에 치료하는 기존의 수동적인 의료 시스템을 넘어, 질병을 예측·예방하는 선제적이고 개인화된 건강 관리 시대를 열 것입니다. 병원 중심의 의료 서비스는 가정, 직장 등 일상으로 확장되고, 환자는 자신의 건강을 능동적으로 관리하는 주체가 될 것입니다. 궁극적으로, 헬스케어는 기술과 융합하여 모두가 더 건강하고 행복한 삶을 영위할 수 있는 미래 사회를 구축하는 핵심 동력이 될 것입니다.

(2) 지속 가능한 혁신을 위한 제언

헬스케어와 헬스테크의 성공적인 융합을 위해서는 기술 개발뿐만 아니라, 데이터 보안, 법적·제도적 개선, 그리고 사용자 중심의 접근 방식이 병행되어야 합니다. 정부, 기업, 의료기관, 그리고 시민 사회가 협력하여 기술이 가져올 긍정적인 변화를 극대화하고, 동시에 발생할 수 있는 부작용을 최소화하기 위한 노력을 지속해야 합니다.

>>> 참고문헌

- A. Jones, "The Future of Digital Health: An AI Perspective," Journal of Health Technology, 2023.
- B. Kim et al., "Blockchain for Patient Data Security," IEEE Transactions on Medical Informatics, 2022.
- Global Health & Wellness Report, McKinsey & Company, 2024.
- C. Lee, "The Rise of Digital Therapeutics: A New Paradigm," International Journal of Medical Innovation, 2023.
- World Health Organization(WHO) Official Reports.

>>> 저자소개

오승택 OH SEUNG TAEK

학력
- 상지대학교 경영학 박사
- 숭실대학교 경영학 석사
- 고려대학교 무역학 학사

경력
- 현) 강남대학교 겸임교수
- 현) 인폼더리어 대표컨설턴트
- 현) 시작랩 대표이사
- 전) (재)서울창조경제혁신센터 책임
- 전) 중부대학교 창업융합학과 교수
- 전) 서울청년창업사관학교 교수
- 전) 경기도경과학진흥원 기업SOS 컨설턴트
- 전) 인천창조경제혁신센터 책임
- 전) 중소기업진흥공단 서울지역본부
- 전) 카페드롭탑 홍보/마케팅/디자인팀 팀장

자격

- 경영지도사
- 기술거래사
- 브랜드관리사 1급
- 창업지도사 1급
- ISO 42001(AI MIS, 인공지능 경영시스템)

저서

- 《4차 산업혁명 시대 AI 블록체인과 브레인경영》, 공저
- 《경영기술컨설팅의 미래》, 공저
- 《창업과 창직》, 공저
- 《재취업전직지원서비스 효과적 모델》, 공저
- 《공공기관 합격 노하우》, 공저
- 《재테크 실전 노하우》, 공저

수상

- (재)한국청년기업가정신재단, 멘토링우수상, 2021.
- (재)강원창조경제혁신센터, 올해의 멘토상, 2022.

3장 | 손종미

신중년의 라이프 스타일과 정신 건강 : AI 시대, 불안을 넘어 균형 잡힌 삶으로

1. 신중년, 변화의 중심에 서다

(1) AI 시대, 신중년이 마주한 새로운 현실

'100세 시대'가 현실이 되면서 우리의 삶은 더 길어졌지만, 세상의 변화 속도는 이전과 비교할 수 없이 빨라졌습니다. 특히 챗GPT와 제미나이(Gemini) 같은 인공지능(AI) 서비스는 우리가 평생 배워온 전통적인 업무와 소통 방식을 근본부터 바꾸고 있습니다.

스마트폰의 새로운 앱 하나를 익히는 것도 버거운데, 세상은 이제 AI로 글을 쓰고 데이터를 창조하라 요구합니다. 이러한 급격한 기술 변화는 신중년에게 새로운 기회인 동시에, '나만 뒤처지는 것 같다'는 디지털 격차와 깊은 불안감을 안겨주고 있습니다.

이 책은 바로 이 지점에서 출발합니다. 100세 시대를 살아가는 신중년이 막연한 불안감을 넘어, 변화된 라이프 스타일 속에서 정신적 건강과 삶의 균형을 찾아가는 가장 실용적인 방법을 안내하는 동반자가 될 것입니다.

1) 급변하는 기술과 경제적 불안정

신중년의 삶은 마치 여러 개의 접시를 동시에 돌리는 것과 같습니다. 그중 가장 크고 무거운 접시의 이름은 바로 '경제적 안정'입니다. 경기 체감지수가 절반 이하로 떨어졌다는 소식은 이 접시를 위태롭게 흔드는 세찬 바람과도 같습니다.

하지만 우리는 그 접시 하나에만 매달려 있지 않습니다. 행여 마음이 무너질까 '심리적 안녕'이라는 접시를 조심스레 돌리고, 모든 것의 기반이 되는 '신체적 건강'이라는 접시에도 정성을 쏟습니다. 때로는 '취미'나 '봉사', '종교'와 같은 작은 접시들을 돌리며 삶의 활력과 의미를 더하기도 합니다.

어느 하나라도 떨어뜨리면 모든 것이 무너질 수 있다는 것을 알기에, 우리는 위태로운 상황 속에서도 필사적으로 삶의 균형을 잡아나갑니다. 경제적 불안은 이 모든 것을 더욱 어렵게 만들지만, 역설적으로 삶의 다른 영역이 왜 중요한지를 더욱 절실하게 깨닫게 합니다.

2) 인생의 지각변동: 마음을 흔드는 스트레스 요인

50대와 60대를 맞이하는 신중년 시기는 자녀의 독립, 부모 부양, 은퇴 등 다양한 삶의 변화가 한꺼번에 몰려오는 시기입니다. 이는 마치 인생의 여러 계절이 동시에 찾아오는 것과 같아, 마음속에 큰 파도를 일으키는 '인생의 지각변동'을 겪게 됩니다. 이 시기, 불안은 여러 모습으로 우리를 찾아옵니다.

① 떠나보냄과 짊어짐 사이: 가족 역할의 재편
자녀가 독립하며 남겨진 빈집에서 느끼는 허전함('빈둥지 증후군')은 깊은 정체성의 혼란을 가져옵니다. 동시에 연로하신 부모님을 부양해야 하는 책임감은 어깨를 짓누릅니다. 이처럼 자녀를 떠나보내는 동시에 부모를 짊어져야

하는 '낀 세대'의 무게는 신중년의 마음을 지치게 합니다.

② 명함이 사라진 자리: 일과 정체성의 변화
은퇴나 경력 전환으로 수십 년간 나를 증명하던 직함이 사라지는 순간, 경제적 불안과 함께 사회적 지위를 잃었다는 상실감에 직면합니다. '이제 나는 무엇으로 나를 증명해야 하는가?'라는 근본적인 질문 앞에서 정체성의 파도가 거세게 밀려옵니다.

③ 예전 같지 않은 몸: 건강과 죽음에 대한 불안
신체 기능의 저하와 늘어나는 만성 질환은 삶의 통제력을 잃을지도 모른다는 심리적 위협으로 다가옵니다. 타인의 도움 없이 살 수 없게 될지 모른다는 두려움과 함께, 죽음이라는 실존적 공포가 마음의 그림자를 짙게 만듭니다.

④ 관계의 축소와 깊어지는 고립감
퇴직과 자녀의 독립으로 인간관계가 자연스럽게 축소되면서 느끼는 고립감과 외로움은 정서적 안정을 크게 위협하며 우울감을 깊어지게 만듭니다.

2. 불안의 재해석: 경계경보에서 지혜의 신호로

(1) 불안이란 무엇인가: 우리 마음의 경계경보

불안은 살면서 누구나 흔히 경험하는 불쾌하고 고통스러운 감정입니다. 하지만 불안은 무조건 나쁜 것만은 아닙니다. 현실적인 위험 앞에서 불안을 느끼는 것은 우리 몸을 지키기 위한 지극히 자연스럽고 건강한 심리 반응이며, 이를 '정상 불안(Normal Anxiety)'이라고 합니다.

불안은 위험한 일이 생기면 울리는 '마음의 경계경보'와 같습니다. 실제 위험이 닥쳤을 때 경보가 울리면 우리는 즉시 대비할 수 있으니 고마운 존재이죠. 불안을 느끼면 우리 몸의 자율신경계가 활성화되어 심장이 뛰고 호흡이 가빠지며 근육이 긴장됩니다. 동시에 인지적으로는 위협에 온 신경을 집중하며 최악의 상황을 막을 방법을 찾게 됩니다. 이는 경주에서 이기는 데 필요한 아드레날린처럼, 우리가 주어진 과제에 집중하고 최상의 결과를 내도록 돕는 긍정적인 역할도 합니다.

하지만 이 경보장치가 너무 민감해져 바람만 불어도 요란하게 울려댄다면 어떨까요? 우리는 불필요한 긴장감에 시달리고, 무엇이 진짜 위험인지 몰라 혼란에 빠지게 될 겁니다. 이처럼 실제 위협 수준과 관계없이 과도하고 부적절하게 작동하는 불안을 '병적인 불안(Pathological Anxiety)'이라고 부릅니다. 이러한 병적인 불안과 공포가 일상생활을 방해할 정도로 심해질 때, 우리는 이를 '불안 장애(Anxiety Disorder)'로 진단하기도 합니다.

1) 불안을 '문제'가 아닌 '신호'로 바라보기

병적인 불안은 우리 삶의 네 기둥인 신체, 정서, 경제, 영적 영역을 흔들며 우리를 무력하게 만듭니다. 불안이 삶의 주도권을 쥐게 되면, 우리는 일상에 필요한 행동조차 하기 어려워지며 삶은 혼란에 빠집니다. 이 때 우리 몸은 다양한 신체적 증상으로 신호를 보냅니다. 마치 과거의 부정적인 경험이 "조심해!"라고 미리 연락을 주는 것처럼 말이죠.

① 소화기 계통: 메스꺼움, 소화불량, 잦은 설사나 변비, 입 마름
② 심장 및 호흡기 계통: 숨 가쁨, 잦은 한숨, 심장 두근거림, 만성 피로
③ 신경 및 근육 계통: 이유 없는 떨림, 땀 과다, 피부 가려움, 만성 통증
④ 비뇨·생식기 계통: 빈뇨, 발기부전, 성교 통증

이러한 신호들은 불안이 더 이상 마음의 문제만이 아니라, 몸 전체에 영향을 미치는 심각한 스트레스 상태임을 알려주는 것입니다.

2) 정상과 이상의 경계: 정상 불안과 병적 불안

우리 마음속에는 24시간 작동하는 '화재경보기', 바로 '불안'이 설치되어 있습니다. 이 경보기는 우리를 지켜주는 충실한 친구가 될 수도 있고, 일상을 마비시키는 소음이 될 수도 있습니다.

① 우리를 지키는 고마운 경보: 정상 불안(Normal Anxiety)
정상 불안은 실제적인 위험 앞에서 우리 몸과 마음을 '대비 태세'로 전환시키는 건강한 경보입니다. 캄캄한 밤에 들리는 소리에 순간적으로 긴장하거나, 중요한 발표를 앞두고 떨리는 마음이 드는 것이 바로 그 예입니다. 이러한 불안은 우리를 위험에서 벗어나게 하고, 맡은 바를 더 철저히 준비하도록 만드는 삶의 필수적인 보디가드와 같습니다. 핵심은 현실적인 위협에 '알맞은 크기'로 울리며, 우리가 문제를 해결하도록 돕는 긍정적인 역할을 한다는 것입니다.

② 시도 때도 없이 울리는 고장 난 경보: 병적 불안(Pathological Anxiety)

병적 불안은 토스트 굽는 연기에도 집이 떠나가라 울리는 고장 난 화재경보기와 같습니다. 실제 위협과는 상관없이, 혹은 아주 사소한 자극에 '지나치게 큰 소리'로 울립니다. 예를 들어, 친구가 "피곤해 보여"라고 한 말에 며칠 밤낮으로 심각한 걱정에 휩싸이거나, 특별한 이유 없이 늘 '무슨 안 좋은 일이 생길 것만 같은' 불길한 예감을 안고 살아가는 것입니다. 이처럼 고장 난 경보는 우리를 보호하기는커녕 불필요한 긴장과 혼란 속으로 밀어 넣습니다. 결국 문제 해결에 써야 할 에너지를 모두 소모시켜, 삶의 기능을 떨어뜨리는 일상의 방해꾼이 되고 맙니다.

3) 내 불안은 자연스러운 반응일까, 관리가 필요한 수준일까?

불안 자체가 문제는 아닙니다. 중요한 것은 내 불안이 현실적인 위험에 대한 합리적인 반응인지, 아니면 내 삶을 압도하는 과도한 소음인지를 구분하는 것입니다. 우리를 지키는 경보음과 일상을 마비시키는 소음을 구별하는 것이 건강한 마음 관리의 첫걸음입니다. 비록 불안으로 어려움을 겪고 있더라도, 우리는 충분히 일상을 회복하고 인생의 목표를 향해 나아갈 힘을 가지고 있습니다. 불안이라는 경보 시스템을 끄는 것이 아니라, 현명하게 관리하고 조절하는 방법을 배우는 것이 중요합니다.

① 기본적인 생활 관리: 몸과 마음의 균형 잡기

가장 기본적인 관리법만으로도 큰 변화를 만들 수 있습니다.

- 규칙적인 생활: 적절한 운동과 충분한 수면, 규칙적인 식사는 몸의 안정성

을 높여 불안을 줄여줍니다.
- 건강한 식단: 설탕, 카페인, 알코올과 같은 자극적인 음식은 교감신경을 불필요하게 활성화하므로 섭취를 줄이는 것이 좋습니다.
- 타인과 비교하지 않기: 각자의 스트레스와 불안의 무게는 다릅니다. 자신의 감정에만 집중하는 것이 중요합니다.

② 뇌를 훈련하는 이완 기법: 편도체 안정시키기
우리의 감각 정보는 뇌의 편도체(Amygdala)라는 불안 경보장치를 거칩니다. 병적인 불안은 이 편도체가 과도하게 활성화된 상태라고 할 수 있습니다. 다행히 우리는 연습을 통해 편도체를 안정시키고 뇌의 피질 회로를 재설계할 수 있습니다.

- 심호흡: 깊고 느린 호흡은 편도체의 활성화를 억제하는 가장 즉각적이고 효과적인 방법입니다. 숨을 천천히 들이마시고 자연스럽게 내쉬는 과정을 몇 분만 반복해도 마음이 진정되는 것을 느낄 수 있습니다.
- 점진적 근육 이완법: 특정 근육 그룹을 의도적으로 긴장시켰다가 이완하는 것을 반복하는 훈련입니다. 온몸의 불필요한 긴장을 알아차리고 해소하는 데 큰 도움이 됩니다.
- 심상 이완법: 눈을 감고 평화롭고 안정감을 주는 장소를 상상하는 것입니다. 시각, 청각, 후각 등 모든 감각을 동원하여 그 장소에 있는 것처럼 생생하게 느끼면 몸과 마음이 효과적으로 이완됩니다.
- 마음 챙김 명상: 호흡이나 특정 대상에 주의를 집중하며 현재 순간을 판단 없이 바라보는 훈련입니다. 연구에 따르면 명상은 편도체를 안정시키고 스트레스 반응을 조절하는 뇌 기능에 긍정적인 영향을 미칩니다. 최근에는 명상 앱 등을 통해 누구나 쉽게 시작할 수 있습니다.

불안은 없애야 할 적이 아니라, 내 삶을 더 잘 돌보라는 지혜의 신호일 수 있습니다. 이 신호에 귀 기울이고 몸과 마음을 돌보는 노력을 통해, 우리는 불안의 통제에서 벗어나 더 평온하고 주체적인 삶을 살아갈 수 있을 것입니다.

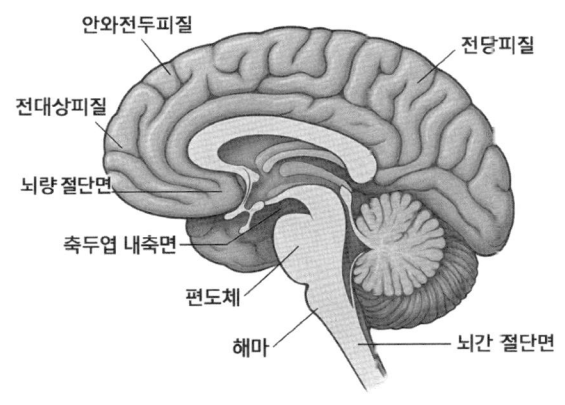

위의 뇌 구조들은 신중년의 불안과 밀접한 관련이 있는 중요한 부위들입니다.
특히 편도체(불안 반응)와 전대상피질(감정 조절)은 불안 장애의 핵심 영역입니다.

영어 원문	한글 번역	기능
Orbitofrontal gyrus	안와전두피질	의사 결정, 감정 조절
ACG(Anterior Cingulate Gyrus)	전대상피질	주의 집중, 감정 처리
Cingulate gyrus	대상피질	감정과 인지 연결
Cut edge of corpus callosum	뇌량 절단면	좌우뇌 연결
Temporal lobe(medial surface)	측두엽 내측면	기억, 언어 처리
Amygdala	편도체	공포, 불안 반응
Hippocampus	해마	기억 형성
Cut edge of brain stem	뇌간 절단면	생명 유지 기능

4) 내 마음속 불안의 여러 얼굴: 5가지 주요 불안 장애

'불안'이라는 감정은 하나의 단어지만, 우리 삶에 나타나는 모습은 저마다 다릅니다. 마치 가면을 바꿔쓰듯 다양한 얼굴로 우리를 찾아옵니다.

① 범불안 장애(GAD): 온갖 걱정이 꼬리를 무는 불안
마치 볼륨을 줄일 수 없는 라디오처럼, 머릿속에서 걱정이 끊임없이 흘러나오는 상태입니다. 특히 신중년 시기에는 자녀의 미래, 노후 경제, 자신의 건강 문제에 대한 걱정이 꼬리에 꼬리를 물고 이어지며 마음을 지치게 만드는 경우가 많습니다.

② 공포증(Phobia): 특정 대상이 두려운 불안
특정한 대상이나 상황 앞에서만 유독 참을 수 없는 공포를 느끼는 것입니다. 신중년에게는 암이나 치매 같은 특정 질병에 대한 극심한 두려움(질병 공포)이나, 은퇴 후 새로운 모임에 나서는 것에 대한 사회적 불안이 두드러지게 나타날 수 있습니다.

③ 공황 장애(Panic Disorder): 예고 없이 찾아오는 극심한 공포
아무런 이유 없이, 갑자기 죽을 것 같은 극심한 공포가 폭풍우처럼 덮치는 경험입니다. 심장이 터질 듯 뛰고 숨이 막히는 등 강렬한 신체 증상이 동반되어, 심장마비나 뇌졸중으로 오해하기 쉽습니다.

④ 강박 장애(OCD): 떨칠 수 없는 생각과 반복 행동
'혹시 가스 불을 잠그지 않았나?'와 같은 생각이 머릿속을 맴돌고(강박 사

고), 그 불안을 없애기 위해 특정 행동을 반복(강박 행동)하는 것입니다. 신중년 시기에는 자신의 건강 상태를 끊임없이 확인하거나, 물건이 완벽하게 정리되어야만 안심하는 등 과도한 확인과 정돈 행동으로 나타나곤 합니다.

⑤ 외상후 스트레스 장애(PTSD) & 급성 스트레스 장애: 인생의 큰 상처가 남긴 후유증
인생의 큰 지진 후 계속되는 '마음의 여진'과 같습니다. PTSD는 배우자와의 사별, 심각한 질병 진단 등 인생을 뒤흔드는 사건이 깊은 트라우마로 남아 오랫동안 영향을 미치는 경우를 말합니다. 급성 스트레스 장애는 은퇴, 자녀 결혼 등 급격한 삶의 변화에 적응하는 과정에서 나타나는 단기적인 스트레스 반응입니다.

이처럼 불안의 여러 얼굴에 이름을 붙이는 것은 스스로를 낙인찍기 위함이 아닙니다. 오히려 내 고통의 정체를 명확히 이해하고, 혼란 속에서 회복의 목적지를 알려주는 정확한 지도를 갖게 되는 것과 같습니다.

5) 디지털 이민자의 불안: 4가지 새로운 불안 패턴

디지털 시대에 적응하는 것은 낯선 나라에 이민을 가는 것과 같습니다. 젊은 세대가 그 나라의 언어와 문화를 익힌 '디지털 원어민(Digital Native)'이라면, 신중년은 새로운 언어를 배우는 '디지털 이민자(Digital Immigrant)'와 같습니다. 낯선 환경에 적응하는 과정에서 불안을 느끼는 것은 자연스러운 일입니다. 신중년이 디지털 세상에서 주로 마주하는 네 가지 불안 패턴과 그 대응 전략을 살펴보겠습니다.

① 나만 뒤처지는 걸까?: 디지털 소외감

챗GPT, 제미나이 등 AI가 대화의 중심이 되는 기술 변화 속에서 '나만 대화에 끼지 못하고 뒤처지는 것 같다'는 디지털 소외감과 무엇부터 배워야 할지 막막한 학습 부담이 생겨납니다.

▶ 대응 전략: 처음부터 전문가가 될 필요는 없습니다. 'AI에게 오늘 날씨 물어보기'처럼 작은 성공 경험을 쌓는 단계별 학습이 중요합니다. 비슷한 어려움을 겪는 동년배 학습 모임에 참여하면 서로에게 용기를 주며 즐겁게 배울 수 있습니다.

② 이걸 또 어떻게 써?: 기술 공포증

끊임없이 업데이트되는 스마트 기기와 앱의 변화는 매번 새로운 사용법을 익혀야 하는 과제를 안겨줍니다. 이 과정이 반복되면 '나는 기계는 잘 몰라'라며 시도를 포기하는 기술 공포증(Technophobia)과 자녀에게 매번 물어봐야 하는 의존성 불안이 커질 수 있습니다.

▶ 대응 전략: 복잡한 기능은 잠시 잊고, 내가 가장 자주 쓰는 기능을 기초부터 차근차근 익히는 데 집중하는 것이 좋습니다. '카카오톡으로 사진 보내기'처럼 한 가지라도 확실히 내 것으로 만들면 다른 기능에 도전할 자신감도 생깁니다.

③ 이모티콘의 진짜 의미는?: 관계 불안

표정이나 목소리 톤이 없는 텍스트 중심의 비대면 소통이 일상화되면서, 무뚝뚝한 메시지나 애매한 이모티콘 하나에 '혹시 내가 실수했나?' 하고 온종일 신경 쓰이는 관계 불안을 경험하기 쉽습니다.

▶ 대응 전략: 디지털 소통은 편리한 도구일 뿐, 모든 관계를 대체할 수는 없습니다. 중요한 이야기나 감정을 나눌 때는 망설이지 말고 전화를 하거나 직

접 만나는 등 온라인과 오프라인의 균형을 의식적으로 유지하는 지혜가 필요합니다.

④ 무엇을 믿어야 할까?: 선택 불안

유튜브, 뉴스, SNS 등 수많은 채널에서 정보가 홍수처럼 쏟아지는 환경은 진짜와 가짜를 구별해야 하는 과제를 줍니다. 너무 많은 정보는 오히려 '어떤 것을 선택해야 할까?'를 고민하게 만드는 선택 불안을 유발하고, 결국 아무것도 선택하지 못하는 결정 회피로 이어지기도 합니다.

▶ 대응 전략: 모든 정보를 다 알려고 애쓰기보다, 정부 기관이나 신뢰도 높은 언론사 등 '나만의 신뢰할 만한 정보원'을 몇 군데 정해 두는 것이 좋습니다. 정보의 양보다 질에 집중하는 것이 마음의 평화를 지키는 길입니다.

(2) 신중년, 라이프 스타일 변화와 4대 균형 영역

1) 액티브 시니어의 등장과 라이프 스타일의 4대 영역

오늘날 50대와 60대를 아우르는 신중년은 단순히 은퇴를 기다리던 과거의 중년 세대와는 확연히 다른 삶의 지도를 그리고 있습니다. 이들은 수동적인 노년을 거부하고, 새로운 도전을 즐기며 삶을 주체적으로 경영하는 '액티브 시니어(Active Senior)'로 진화하고 있습니다. 이러한 변화의 핵심을 이해하기 위해, 신중년의 라이프 스타일을 '4대 균형 영역'이라는 틀로 살펴볼 수 있습니다.

첫째, '성장과 즐거움'의 영역입니다.
경제적 여유와 풍부한 사회 경험을 바탕으로 이들은 자기 계발에 적극적으로 투자합니다. 온라인 강의로 새로운 기술을 익히고, 인문학을 공부하며 지적 만족을 추구합니다. 또한, 국내외 여행과 다채로운 문화 활동을 통해 삶의 질을 높이며 즐거움을 잃지 않습니다.

둘째, '관계와 소속'의 영역입니다.

이들은 더 이상 고립된 개인이 아닙니다. 스마트폰과 SNS를 능숙하게 활용하여 자녀 세대와 소통하고, 동년배들과 새로운 커뮤니티를 형성하며 관계의 폭을 넓혀갑니다. 나아가 자원봉사, 멘토링 등 사회 참여를 통해 공동체에 소속되어 있다는 유대감을 느끼며 삶의 의미를 더해갑니다.

셋째, '건강과 활력'의 영역입니다.

100세 시대를 맞아 건강이 곧 가장 중요한 자산임을 인지하고, 식단 관리와 운동에 체계적으로 접근합니다. 단순한 수명 연장이 아닌, 활력 넘치는 '건강수명'을 늘리는 데 집중하는 것입니다.

넷째, '일과 의미'의 영역입니다.

이들에게 나이는 더 이상 제약이 아닌, 경험과 지혜를 나누는 새로운 기회입니다. 사회적 기업에 참여하거나 자신의 경력을 바탕으로 후배들에게 멘토가 되어주며, 개인의 성취를 넘어 사회에 기여하는 데서 큰 보람과 삶의 의미를 찾습니다.

이처럼 오늘날의 신중년은 성장과 즐거움, 관계와 소속, 건강과 활력, 일과 의미라는 4대 영역을 의식적, 무의식적으로 조율하며 자신만의 균형 잡힌 라이프 스타일을 창조해 가고 있습니다.

3. 불안을 넘어 균형으로:
삶의 네 기둥 바로 세우기

우리 삶은 마치 네 개의 다리를 가진 의자와 같아서 신체적, 정서적, 경제적, 영적 건강이라는 네 기둥 중 어느 하나라도 흔들리면 삶 전체가 위태로워집니다. 특히 신중년의 삶은 거센 풍랑 속 항해와 같기에, '균형'이란 파도가 없는 고요함이 아니라, 끊임없이 키를 조종하는 '능동적인 힘'을 의미합니다.

우리의 목표는 결코 흔들리지 않는 것이 아니라, 어떤 상황에서도 능숙하게 중심을 되찾는 것입니다. 그 힘은 바로 이 네 기둥을 의식적으로 점검하고 바로 세우는 데서 나옵니다.

(1) 삶의 네 기둥 바로 세우기: 실천 전략

각 영역을 의식적으로 점검하고 회복하는 것은 모든 것의 기본입니다.

1) 신체적 균형(에너지의 근원)

몸과 마음은 서로 긴밀하게 연결되어 있습니다. 신체적 에너지가 고갈되면 부정적인 생각과 불안에 더 쉽게 사로잡히게 됩니다. 따라서 신체적 균형을 회복하는 것은 마음의 힘을 기르는 가장 기본적인 토대를 닦는 일입니다.

① 규칙적인 움직임으로 활력 깨우기: 거창한 운동 계획이 아니어도 좋습니다. 매일 30분, 주변 공원을 산책하며 햇볕을 쬐는 것만으로도 행복 호르몬인 세로토닌 분비가 촉진되어 불안감을 줄여줍니다. 점심시간 후 짧은 산책, 잠들기 전 10분 스트레칭 등 일상 속 작은 움직임을 꾸준히 이어가는 것이 중요합니다.

② 건강한 식단으로 몸과 마음 채우기: 우리가 먹는 음식이 곧 우리의 기분과 생각을 만듭니다. 정제된 탄수화물이나 당분이 많은 음식은 혈당을 급격히 변화시켜 감정 기복을 유발할 수 있습니다. 정해진 시간에 영양소가 풍부한 식사를 하며 몸에 꾸준히 양질의 연료를 공급해 주어야 합니다.

③ 질 좋은 수면으로 재정비하기: 수면 부족은 불안을 증폭시키는 가장 큰 적 중 하나입니다. 잠자리에 들기 전 스마트폰 사용을 줄이고, 매일 같은 시간에 잠자리에 드는 규칙적인 수면 습관을 통해 지친 몸과 복잡한 뇌를 재정비하는 시간을 확보해야 합니다.

2) 정서적 균형(감정의 파도 다스리기)

나이가 들수록 감정을 억누르는 데 익숙해지지만, 표출되지 못한 감정은 내면에 쌓여 예기치 않은 순간에 불안으로 터져 나옵니다. 자신의 감정을 섬세하게 들여다보고 건강하게 다루는 연습이 필요합니다.

① 감정 일기로 마음 패턴 읽기: 하루를 마무리하며 그날 느꼈던 감정들을 솔직하게 기록해 보세요. 어떤 상황에서 불안하고, 어떤 사람을 만날 때 마음이 편안해지는지 알게 되면 감정의 파도에 휩쓸리지 않고 주도권을 잡을 수 있습니다.

② 건강한 관계 속에서 지지 얻기: 나에게 긍정적인 에너지를 주는 사람들과

의 교류는 최고의 불안 치료제입니다. 속마음을 털어놓을 수 있는 친구, 가족과의 대화는 정서적 안정감을 주고, 내가 혼자가 아니라는 사실을 일깨워 줍니다.

③ 마음 챙김 호흡으로 현재에 머무르기: 불안이 밀려올 때, 잠시 눈을 감고 자신의 호흡에 집중해 보세요. 숨을 깊게 들이마시고 천천히 내쉬는 것만으로도 격해진 감정이 가라앉고, 과거에 대한 후회나 미래에 대한 걱정에서 벗어나 현재에 머무를 수 있습니다.

3) 정신적 균형(생각의 근육 키우기)

신체 근육처럼, 우리의 뇌와 생각도 사용하지 않으면 굳어지고 약해집니다. 새로운 자극과 배움은 뇌에 활력을 불어넣고 고정된 사고방식에서 벗어나 불안을 유연하게 다룰 힘을 길러줍니다.

① 새로운 배움으로 뇌세포 깨우기: 평소 관심 있었던 온라인 강좌를 듣거나, 새로운 악기를 배우거나, 외국어 공부를 시작해 보세요. 지적인 호기심을 채우는 과정은 성취감을 줄 뿐만 아니라, 뇌의 신경 가소성을 높여 정신적으로 건강하고 젊게 사는 비결이 됩니다.

② 꾸준한 독서로 생각의 폭 넓히기: 책은 가장 안전하고 깊이 있는 세상 탐험 방법입니다. 다양한 분야의 책을 읽으며 새로운 지식과 관점을 접하다 보면, 문제를 바라보는 시야가 넓어지고 불안에 대처하는 자신만의 해법을 찾게 될 것입니다.

③ 디지털 디톡스로 뇌에 휴식 주기: 끊임없이 쏟아지는 스마트폰 알림과 정보는 우리의 뇌를 쉬지 못하게 만듭니다. 하루 중 특정 시간, 혹은 잠들기 전 1시간 만이라도 의식적으로 스마트폰을 멀리하여 뇌에 진정한 휴식을 선물하세요.

4) 영적 균형(삶의 의미와 연결되기)

영적 균형은 특정 종교를 의미하는 것이 아닙니다. 나 자신을 넘어 더 큰 가치와 연결되어 있다고 느낄 때 얻게 되는 충만감과 삶의 의미를 뜻합니다. 이는 불안의 폭풍 속에서 우리를 붙잡아 주는 가장 튼튼한 닻이 됩니다.

① 자연과의 교감으로 경이로움 느끼기: 숲길을 걷거나, 아름다운 노을을 바라보거나, 작은 화분을 가꾸는 등 자연과 교감하는 시간을 가져보세요. 위대한 자연 속에서 우리는 겸손을 배우고, 일상의 작은 걱정들에서 한 걸음 벗어나 평온함을 느낄 수 있습니다.

② 봉사와 나눔으로 존재 가치 발견하기: 나의 시간과 재능을 타인을 위해 사용할 때 우리는 깊은 만족감과 삶의 의미를 발견하게 됩니다. 작은 봉사 활동이나 나눔을 통해 누군가에게 도움이 되는 존재라는 사실은 자존감을 높이고 내면을 단단하게 만듭니다.

③ 나의 핵심 가치에 따라 살아가기: '내 인생에서 가장 중요한 것은 무엇인가?'를 스스로에게 물어보세요. 그리고 그 가치에 따라 선택하고 행동할 때, 우리는 외부의 평가나 환경에 쉽게 흔들리지 않는 내면의 중심을 잡을 수 있습니다.

(2) 하버드 의대의 12가지 웰니스 전략

최근 웰니스(Wellness)는 신체적 건강을 넘어 정신적, 사회적 안녕까지 아우르는 총체적인 삶의 질을 의미하는 중요한 화두가 되었습니다. 특히 인생의 전환기를 맞는 신중년 세대에게 웰니스는 불안을 다스리고 삶의 만족도를 높이는 핵심적인 열쇠입니다.

하버드 의대 부속병원의 '웰니스로 가는 길(PAVING the Path to Wellness)' 프로그램은 건강한 삶을 구성하는 12가지 핵심 영역을 제시합니다. 신중년의 정신 건강 관리를 위해 이 12가지 영역을 재구성한 구체적인 실천법은 다음과 같습니다.

신중년의 정신 건강을 위한 웰니스 12가지 영역별 실천법

영역 (Area)	정신 건강 효과 (Mental Health Effect)	신중년 맞춤 실천법 (Action Plan for the New Middle-Aged)	정신 건강 지표 (Mental Health Indicator)
P - 신체 활동	우울감 완화, 스트레스 해소	걷기 모임, 실버 요가	기분 개선도, 스트레스 수치
A - 태도	자존감 향상, 긍정성 증대	감사 일기, 긍정 확언	자아효능감, 삶의 만족도
V - 다양성	인지 유연성, 창의성 증진	새로운 취미, 여행 체험	인지 기능, 적응력
I - 탐구	지적 만족감, 성취감	평생교육, 독서 클럽	학습 동기, 인지 예비력
N - 영양	뇌 건강, 기분 안정	브레인 푸드, 규칙적 식사	인지 기능, 정서 안정성
G - 목표	목적의식, 동기부여	버킷리스트, 단계별 계획	삶의 의미감, 희망 수준
스트레스 관리	불안 완화, 심리적 안정	명상, 마음 챙김	불안 수준, 스트레스 지수
휴식	정서 회복, 에너지 충전	여가 활동, 자연 접촉	피로도, 회복 탄력성
에너지	활력감, 생동감	에너지 관리, 바이오리듬	활력도, 의욕 수준

목적	존재 의미, 자아실현	자원봉사, 멘토링	삶의 목적감, 기여감
수면	정서 조절, 인지 회복	수면 위생, 규칙적 패턴	수면의 질, 정서 안정성
사회적 연결	소속감, 지지체계	동호회, 가족 관계 강화	사회적 지지, 외로움 지수

(3) 기술과의 건강한 동행: 불안을 다스리는 디지털 도구

디지털 기술이 때로는 정보 과잉과 사회적 비교로 불안의 원인이 되기도 하지만, 역설적이게도 바로 이 기술이 불안을 이해하고 극복하는 가장 강력한 도구가 되어주고 있습니다. 기술을 현명하게 활용하는 것은 불안이라는 오랜 숙제를 푸는 새로운 열쇠가 될 수 있습니다.

1) 내 손안의 심리상담사: 정신 건강 앱과 웨어러블 기기

과거에는 전문가를 직접 찾아가야만 가능했던 정신 건강 관리가 이제 스마트폰 터치 한 번으로 가능해졌습니다.

① 정신 건강 앱(Mental Health Apps): 마음 챙김 명상, 인지행동치료(CBT) 등을 안내하며 일상 속 스트레스 반응을 조절하고 부정적인 생각의 고리를 끊는 훈련을 도와줍니다. 불안감이 느껴질 때 언제 어디서든 즉시 사용할 수 있다는 점이 가장 큰 장점입니다.

② 웨어러블 기기(Wearable Devices): 스마트워치나 스마트링은 심박수, 수면 패턴 등 우리 몸의 신호를 실시간으로 측정해 줍니다. 이 데이터를 통해

어떤 상황에서 불안을 느끼는지 객관적으로 파악하고, 호흡 조절 등 선제적인 조치를 취할 수 있습니다.

2) 가상 세계에서의 치유: VR 치료와 온라인 소통

기술은 시공간의 제약을 넘어 새로운 차원의 치유 경험을 제공합니다.

① 가상현실(VR) 치료: 고소공포증이나 발표 불안이 있는 사람이 안전하게 통제된 가상 환경에서 반복적으로 상황을 경험하며 두려움을 극복하도록 돕습니다. VR은 실패의 부담 없이 불안에 맞서는 안전한 연습장을 제공하는 셈입니다.
② 온라인 커뮤니티 및 원격 상담: 비슷한 어려움을 겪는 사람들과 연결되어 사회적 고립감을 해소하고 지지 기반이 되어줍니다. 또한, 원격 상담 서비스의 보편화로 지리적, 시간적 장벽 없이 전문가의 도움을 받을 수 있게 되었습니다.

4. 현명한 사용자가 이끄는 정신 건강의 미래

물론 기술은 만병통치약이 아닌 도구입니다. 인공지능(AI) 챗봇이 24시간 우리의 이야기를 들어주는 시대가 왔지만, 중요한 것은 우리 스스로가 주체가 되어 이 도구들을 현명하게 선택하고 활용하는 것입니다.

기술을 통해 얻은 통찰과 안정을 현실 세계의 관계와 활동으로 연결해야 합니다. 기술과의 건강한 동행을 통해 우리는 불안의 파도에 휩쓸리는 대신, 그 파도를 능숙하게 타는 법을 배울 수 있습니다. 이제 기술은 불안을 넘어 평온으로 가는 여정에 든든한 동반자가 되어줄 것입니다.

>>> 참고문헌

- 권석만,《현대 이상심리학》, 학지사, 2023.
- 데이비드 바드르,《생각은 어떻게 행동이 되는가》, 해나무, 2022.
- 미셸 톨레프슨 외,《빛나는 여성의 웰니스를 위하여》, 청아출판사, 2024.
- 캐서린 피트먼 외,《불안할 땐 뇌과학》, 현대지성, 2023.
- 오한진,《중년 건강 백과》, 지식너머, 2016.
- keitner GI, Heru AM, Glick ID. Clinical Manual of Couples and Family Therapy. American Psychiatric Publishing, Inc., 2010, pp21-248.
- 한국상담학회, 서울경기인천상담학회, 학술연수회자료집. 2025.

>>> 저자소개

손종미 SON JONG MI

학력
- 상담심리학 학사
- 상담학 석사
- 상담학 박사

경력
- 현) 부부 가족 심리상담센터 원장
- 현) 해커스 평생교육원 성격심리학 운영교수
- EK티처 원격평생교육원 사회복지법제론 운영교수
- (주)워터폴아이 대표이사
- 경기도재난심리회복지원센터 상담활동가
- (사)한국사회복지심리사협회 이사장
- 안양교도소 교정위원/인성교육 전문 강사
- 가정폭력, 성폭력 가해자·피해자 집단상담 전문강사(여성가족부)
- 용인시여성의쉼터 시설장
- 양성평등교육 전문강사

자격

- 상담전문가, 부부가족상담전문가, 가족상담사 1급
- Human Color Counselor, 아로마 테라피 감정오일 상담사
- 정신건강증진상담사 1급, 생명존중 강사, 기독교상담사
- 사티어 의사소통훈련프로그램 강사, 교화상담사 1급
- 사회복지사, 평생교육사, 집단상담전문가 1급
- 인성교육, 폭력예방, 중독예방, 부모교육 전문강사
- 노인전문상담사, 영상크리에이터지도사 2급
- 시니어브레인 음악놀이 지도사 1급

저서 및 논문

- 《심상치료학의 이해》, 한국학술정보, 2007. (손종미)
- 《콤플렉스 상담사 창업가이드》, (사)한국여성벤처협회, 2009. (공저)
- 《사회복지심리사전문교재》, (사)한국사회복지심리사협회, 2012. (손종미)
- 〈Satir 변형체계치료모델을 적용한 프로그램이 가정폭력 피해여성의 의사소통, 일치성, 자아존중감에 미치는 영향〉, 2015. (손종미)
- 〈노년기 배우자 사별이 정서와 사회적 상호작용에 미치는 영향〉, 한국콘텐츠학회논문지 제15권 제9호, 2015. (손종미)
- 《메가트렌드 ESG, DX, AI 연구》, 브레인플랫폼, 2024. (공저)

수상

- 2012 올해의 新한국인 대상 사회인 대상, 시사투데이, 2012.
- 사람과 동물이 함께 행복한 관악, 제1094호, 2016.

4장 | 이광원

공간이 건강을 만든다 : 신중년을 위한 주거 전략과 삶의 질 향상법

1. 서론:
신중년, 왜 주거가 건강을 좌우하는가

"건강은 좋은 음식에서 비롯되고, 평안은 좋은 집에서 비롯된다"는 말처럼 우리는 건강을 위해 식습관과 운동에 집중하면서도, 정작 가장 오랜 시간을 보내는 '주거 공간'이 건강에 어떤 영향을 주는지는 간과하기 쉽습니다. 하지만 주거는 단순한 거주 공간이 아닙니다. 그것은 곧 삶의 방식이며, 더 나아가 신체적·정신적 건강에 직결되는 생활 환경입니다.

한국 사회는 고령화가 급속도로 진행되고 있습니다. 평균수명은 길어졌지만, 건강수명은 그에 미치지 못해 '아프지만 오래 사는' 삶이 늘고 있습니다. 이러한 현실 속에서 신중년(50~70대)은 두 가지 중요한 갈림길에 서 있습니다. 하나는 질병과 고립으로 향하는 노후이고, 다른 하나는 건강하고 주체적인 인생 2막입니다. 이 갈림길에서 결정적인 요소 중 하나가 바로 '주거'입니다.

신중년의 건강은 단지 병원 진료나 건강검진으로 유지되지 않습니다. 계단의 유무, 화장실의 구조, 주방의 동선, 채광과 환기, 그리고 이웃과의 관계 등 주거 요소들이 건강에 미치는 영향은 작지만 지속적으로 쌓여 결국 큰 차이를 만듭니다. 특히 낙상 사고, 화재, 고독사 등은 고령자 주거 환경에서 자주 발생하는 문제이며, 이는 곧 신체적 위기뿐 아니라 정신적 고립과 우울감으로 이어질 수 있습니다.

더불어 주거는 '경제적 자산'의 의미도 가집니다. 신중년의 상당수는 은퇴 이후 일정한 수입이 줄어들기 때문에, 부동산 자산의 구조와 활용이 곧 삶의 질과도 직결됩니다. 고정 지출을 줄이면서도 안전하고 편안한 공간에서 살아갈 수 있는 방법을 모색하는 것은 필수가 되었습니다.

이 장에서는 '건강한 삶'이라는 목표 아래, 왜 주거 공간이 신중년에게 중요한지, 그리고 주거 선택이 건강과 삶의 질을 어떻게 좌우하는지에 대해 살펴보려 합니다. 우리가 사는 공간이 곧 우리의 삶을 담는 그릇이라면, 이제는 건강을 위한 주거 전략이야말로 신중년에게 가장 중요한 자기 관리가 되어야 할 시점입니다.

2. 고령자 주거의 문제점과 현실

우리나라에서 고령자가 처한 주거 현실은 한 마디로 '불안정'과 '불편'으로 요약됩니다. 2024년 기준 통계청 자료에 따르면, 65세 이상 고령자의 약 45%가 단독 또는 노부부 가구로 살고 있으며, 이 중 상당수는 경제적 여유가 부족한 채, 오래된 주택이나 임대주택에서 생활하고 있습니다. 문제는 이러한 주거 환경이 단순히 불편을 넘어 건강에 심각한 위협이 되고 있다는 점입니다.

(1) 물리적 환경의 위험

많은 고령자 주거지에는 계단, 턱, 미끄러운 바닥, 어두운 복도 등 낙상 위험 요소가 그대로 방치되어 있습니다. 실제로 낙상은 노인 입원 원인의 1위이며, 골절로 이어질 경우 거동 불편 → 활동 감소 → 건강 악화의 악순환으로 이어집니다.

또한 오래된 주택일수록 단열이 부족하거나 환기 시설이 미흡한 경우가 많아 여름에는 열사병, 겨울에는 저체온증 등 계절성 질환에 취약합니다. 노인의 감각 기능은 자연스럽게 둔화되기 때문에 작은 환경 변화에도 큰 영향을 받을 수 있습니다.

(2) 경제적 불안정과 주거 빈곤

고령자의 소득 중 가장 많은 비중을 차지하는 것이 국민연금과 기초연금 등 제한된 정기 수입입니다. 주택을 소유한 경우에도 유지관리비, 재산세, 보일러 교체비용 등 각종 지출이 부담으로 다가옵니다. 반대로 자가가 없는 경우에는 전·월세 보증금 마련과 임대료 납부로 인해 생계비를 줄여야 하는 상황도 발생합니다.

주거는 곧 생존의 기반입니다. 그러나 많은 신중년과 고령자들이 '비싼 주택에 사는 가난한 노인'으로 전락하거나, 자녀에게 의존하지 않기 위해 노후에 무리한 경제적 선택을 하는 경우도 적지 않습니다. 이로 인해 우울증이나 무력감이 가중되기도 합니다.

(3) 사회적 고립과 정서적 건강의 저하

주거 환경은 단지 공간의 문제만은 아닙니다. 노년기에 접어든 고령자들이 독거로 전환될 경우, 사회적 연결망이 급격히 약화되고 이는 정서적 외로움과 정신 건강 악화로 이어집니다. 특히 도시의 고층 아파트나 임대주택 단지는 이웃 간 교류가 적고, 외부 활동의 동기가 줄어드는 구조여서 고립을 심화시킵니다.

'고독사'라는 단어는 더 이상 낯선 단어가 아닙니다. 실제로 최근 몇 년 사이 1인 고령가구에서 고독사로 추정되는 사례는 지속적으로 증가하고 있으며, 이는 주거의 질과 밀접하게 연관되어 있습니다.

3. 신중년을 위한 건강한 주거 공간의 조건

'좋은 집'이란 단지 넓고 비싼 집을 의미하는 게 아닙니다. 신중년에게 좋은 집이란, 몸이 편하고 마음이 안정되며, 건강을 지켜주는 공간이어야 합니다. 물리적 안정성은 물론, 정서적 교류와 사회적 관계까지 고려된 주거 공간이야말로 신중년에게 진정한 '건강 자산'이라 할 수 있습니다.

신중년을 위한 건강한 주거 공간의 필수 조건을 크게 세 가지로 나누어 살펴보겠습니다.

(1) 안전한 구조: Barrier-Free 설계

신중년이 가장 먼저 고려해야 할 주거 조건은 '안전'입니다. 아직 활동성이 유지되고 있다 해도, 향후 노화 속도를 감안해 무장애(Barrier-Free) 설계는 필수적입니다.

- 출입문 턱 제거 및 미끄럼 방지 바닥재 사용
- 욕실에 안전 손잡이 설치, 샤워 공간과 화장실 분리
- 침실과 거실 사이의 동선 단순화, 야간 조명 확보
- 계단 대신 엘리베이터 또는 경사로, 가능한 1층 또는 저층 거주

이러한 구조 개선은 '나이 들어 불편해질 때' 대비가 아닌, 현재부터 건강하게 사는 방식의 전환입니다.

(2) 환경적 쾌적성: 햇빛, 환기, 습도 관리

신중년은 외부 활동 시간이 줄어들며 집 안에서 보내는 시간이 길어지는 만큼, 주거 공간의 환경 요인은 건강에 큰 영향을 미칩니다.

1) 충분한 햇빛

일조량 부족 시 우울증, 비타민 D 결핍, 면역 저하를 유발할 수 있음

2) 원활한 환기

공기 질은 호흡기 건강과 직결됨. 창이 2견 이상이 있는 구조가 이상적

3) 적정 습도 유지

겨울철 건조함, 여름철 곰팡이 방지 위해 가습기·제습기 활용 고려

신중년의 주거 공간은 쾌적한 실내 환경이 자연스럽게 유지되도록 설계되어야 하며, 에너지 효율성도 중요합니다. 난방비와 냉방비 절감을 위해 단열 구조도 꼭 점검해야 합니다.

(3) 사회적 연결을 위한 공간 설계

혼자 사는 신중년의 경우, 건강 이상보다 더 무서운 것이 사회적 고립입니다. 주거 공간이 이웃과 연결되도록 계획하는 것도 건강 유지에 중요한 역할을 합니다.

- 공동 커뮤니티 시설이 있는 아파트나 실버타운
- 동네 도서관, 문화센터, 산책로, 시장 등이 가까운 생활권
- 이웃과 자연스레 마주칠 수 있는 구조(예: 마을 카페, 옥외 정원 등)

특히, 최근에는 '커뮤니티형 주거'가 주목받고 있습니다. 비슷한 연령대가 함께 모여 사는 코하우징(Co-housing) 형태는 신중년의 정서적 안정과 건강 유지에 긍정적인 영향을 미칩니다. 단순한 동거를 넘어, 취미와 관심사를 공유할 수 있는 커뮤니티형 주거는 앞으로의 대안적 주거 모델로 떠오르고 있습니다.

결론적으로 신중년에게 주거는 '단순한 보금자리'가 아니라, 건강하고 품위 있게 살아갈 수 있는 기반입니다. 경제력에 맞는 공간 선택도 중요하지만, 그보다 더 우선되어야 할 것은 몸과 마음이 편안하고, 삶의 리듬을 유지할 수 있는 주거 환경입니다.

4. 부동산 전략으로 준비하는 건강한 노후

노후의 삶에서 중요한 두 축은 '건강'과 '경제적 안정'입니다. 이 두 요소는 서로 영향을 주고받으며, 특히 신중년에게는 지금의 부동산 자산이 미래 삶의 질을 좌우하는 결정적 요소가 됩니다. 주거는 생활의 기반이자 자산이기 때문에, 신중년 시기에 이를 어떻게 설계하고 운용하느냐에 따라 은퇴 후 삶의 안정성은 크게 달라질 수 있습니다.

신중년이 고려할 수 있는 실질적인 부동산 전략 세 가지를 살펴보겠습니다.

(1) 주거 다운사이징: 몸과 경제를 모두 가볍게

'다운사이징'이란 현재의 큰 집이나 자산 가치가 높은 부동산을 처분하고, 더 작고 관리가 쉬운 집으로 옮기는 전략입니다. 경제적 효율성과 신체적 편의성을 동시에 고려할 수 있는 대표적인 방식입니다.

※ 실제 사례
수도권의 40평대 아파트를 정리하고 지방 중소도시의 20평대 신축 아파트로 이주한 한 신중년 부부는 매매 차익으로 노후 자금을 확보함과 동시에 관리 부담이 줄어들었다고 말합니다.

- 주택 유지비 절감(관리비, 세금, 유지보수 등) 가능
- 매각 자금을 활용한 금융자산 확보
- 생활 반경 축소로 인한 에너지 절약과 심리적 안정

다만, 새로운 지역에서의 정착과 커뮤니티 형성 문제가 있을 수 있으므로, 지역 선정 시 의료 접근성, 대중교통, 커뮤니티 활동 여부 등을 꼼꼼히 따져야 합니다.

(2) 임대수익형 부동산: 안정적 현금 흐름의 확보

은퇴 후 수입이 줄어드는 상황에서, 매달 일정한 현금이 들어오는 구조는 매우 큰 안정감을 줍니다. 이를 위해 신중년이 선택할 수 있는 전략이 임대수익형 부동산입니다.

- 예시 자산: 오피스텔, 도시형 생활주택, 1.5룸 원룸, 소형 상가, 고령친화형 공유주택 등
- 주의사항: 공실률, 관리 난이도, 입지 조건, 리스크 대비

임대수익형 자산은 잘 선택하면 연금처럼 안정적인 수입원이 될 수 있지만, 반대로 관리나 공실 문제로 스트레스 요인이 될 수도 있습니다. 따라서 초기 투자 시 반드시 전문가와의 상담과 수익률 시뮬레이션을 병행해야 합니다.

(3) 역모기지·주택연금 활용: 자산을 유동화하는 방법

자가주택이 있지만 소득이 부족한 경우에는 주택을 담보로 연금을 받는 방식, 즉 주택연금(역모기지론)이 좋은 대안이 될 수 있습니다.

- 국민주택금융공사에서 운영하는 제도로, 일정 연령 이상이면 자가 주택을 담보로 매달 일정 금액을 지급받을 수 있음
- 장점: 거주하면서 현금 유동성 확보
- 단점: 향후 주택의 상속 문제, 감정가 기준으로 수령액이 제한적일 수 있음

이는 부동산 자산이 있으나 현금 흐름이 부족한 경우, 자산을 효율적으로 쓰는 전략입니다. 단, 가족 간의 상속 계획과 충분한 상의를 거쳐야 부작용을 피할 수 있습니다.

모든 신중년이 동일한 재무 상태, 건강 상태, 가족 구성 상황을 갖고 있지 않기 때문에, 부동산 전략도 획일적인 정답은 없습니다. 중요한 것은 자신과 가족의 삶을 고려해 '현실적이면서도 유연한 계획'을 수립하는 것입니다.

건강을 위한 주거 환경을 만들기 위해, 때로는 익숙한 공간을 떠나야 할 수도 있고, 자산 일부를 정리해야 할 수도 있습니다. 그러나 그 변화는 결국 더 건강하고 안정된 노후를 위한 투자라는 점에서, 충분한 가치가 있습니다.

5. 사례 연구:
건강과 자산을 함께 지킨 신중년들의 이야기

주거는 선택이자 전략입니다. 앞서 살펴본 다양한 주거 전략들은 추상적인 이론이 아니라, 실제 신중년들이 삶에서 '실천'하며 건강과 자산을 동시에 지켜낸 구체적인 방법이기도 합니다.

각기 다른 조건과 상황 속에서 자신만의 방식으로 주거를 재정비하고 삶의 질을 높인 세 가지 사례를 살펴보겠습니다.

(1) 서울을 떠나 전원으로… 커뮤니티와 건강을 얻다

- 인물: 김현수(66세, 은퇴 공무원, 가명), 아내와 함께 거주
- 전략: 다운사이징 + 커뮤니티형 전원주택 이주

김현수 씨는 은퇴 후에도 서울 아파트에서 계속 거주했지만, 번잡한 도심 생활과 관리비 부담이 점점 스트레스가 되었습니다. 아이들은 모두 독립했고, 집은 넓었지만 부부 둘만 살기에는 불필요하게 컸습니다. 특히 아내의 무릎 관절이 좋지 않아 계단이 많은 아파트 구조가 불편을 가중시켰습니다.

이에 부부는 과감히 서울의 33평 아파트를 매각하고 충북 제천의 커뮤니티형 전원주택 단지로 이주했습니다. 이 주택은 단층 구조로 Barrier-Free 설계가 되어있었고, 단지 내에 작은 도서관, 공동 텃밭, 체육 시설까지 갖추고 있어 은퇴자 부부에게 최적화된 환경이었습니다.

처음에는 낯선 환경에 적응할 수 있을까 걱정했지만, 이주 후 금세 마을 주민들과 산책 모임, 주말 농사 모임에 참여하면서 사회적 관계망이 새롭게 형성되었습니다. 김 씨는 "서울에서는 이웃과 인사조차 나누지 않았는데, 여기서는 매일 대화하고 함께 운동하면서 정신적으로도 활력이 생겼다"고 말했습니다. 경제적으로도 매각 차익 일부를 정기예금에 넣어 매달 안정적인 생활비를 확보해, 자산과 건강을 동시에 관리할 수 있게 되었습니다.

(2) 작은 오피스텔에서 만드는 노후연금

- 인물: 박정자(62세, 전직 교사, 독거, 가명)
- 전략: 임대수익형 부동산으로 현금 흐름 확보

교직에서 은퇴한 박정자 씨는 연금만으로 생활비를 충당하기에는 부족함을 느꼈습니다. 큰 평수의 주택에서 혼자 살면서 관리비와 각종 유지비가 버겁게 다가오던 차에, 그는 보유 자산 일부를 매각하여 서울 대학가 인근 역세권 소형 오피스텔 두 채를 매입했습니다.

이 오피스텔은 풀옵션 원룸 구조로, 대학생과 신혼부부 수요가 꾸준히 있었기에 공실 걱정이 거의 없었습니다. 관리업체에 임대를 위탁해 직접 세입자를 관리할 필요도 없었고, 매달 120만 원가량의 월세가 연금처럼 들어왔습니다.

그 덕분에 박 씨는 생활비 걱정 없이 여가 활동에 집중할 수 있었습니다. 수영, 요가, 여행 같은 건강 활동을 적극적으로 즐기게 되었고, 특히 "경제적 불안이 사라지니 몸이 먼저 건강해졌다"는 점을 강조했습니다. 자산 활용의 전환이 곧 삶의 질 향상으로 이어진 대표적인 사례라 할 수 있습니다.

(3) 자녀와 분리 거주, 각자의 공간에서 더 행복하게

- 인물: 이정호(68세, 은퇴 직장인, 가명)·윤미영(64세, 전업주부, 가명)
- 전략: 독립 거주 + 주택연금 활용

이 부부는 오랫동안 강남 아파트에서 아들과 며느리, 손주와 함께 살았습니다. 하지만 세대 간 생활 방식의 차이, 공간 사용 문제로 갈등이 잦아졌습니다. 특히 부부는 "자녀를 도와주는 것이 당연하다"는 의무감과 "나도 편히 살고 싶다"는 욕구 사이에서 고민이 깊었습니다.

결국 부부는 자녀와 대화를 나눈 끝에, 분리 거주를 결정했습니다. 부부는 기존 아파트를 담보로 주택연금(역모기지)에 가입해 매달 안정적인 생활비를 받으면서, 강북의 중형 아파트로 이주했습니다.

처음에는 자녀와 떨어져 사는 것에 대한 불안도 있었지만, 시간이 지나며 오히려 부부 중심의 삶이 회복되었고 갈등은 사라졌습니다. 윤미영 씨는 "손주는 주말마다 만나고, 평일에는 남편과 운동도 다니며 오히려 더 건강해졌다"고 말했습니다. 자녀 역시 부담이 줄어 만족해 했습니다. 이 사례는 '가족과의 건강한 거리 두기'가 신중년의 정신적 안정과 신체 건강 모두에 긍정적인 효과를 준다는 점을 잘 보여줍니다.

앞서 살펴본 이들의 공통점은 무엇일까요?
첫째, 주거를 단순히 거주의 공간이 아니라 전략적 자산으로 활용함.

둘째, 경제적 안정이 곧 건강 투자로 이어짐.
셋째, 이웃·가족과의 관계 방식이 주거 형태에 따라 달라짐.

즉, 신중년의 건강한 노후는 단순한 부동산 보유 여부가 아니라, "어떻게 활용하느냐"에 달려있다는 점을 잘 보여줍니다.

6. 부동산 정보 수집 및 분석 노하우

건강한 노후를 위한 주거 전략은 '감'이 아니라 '정보'에서 시작됩니다. 특히 신중년은 안정성, 편의성, 수익성을 동시에 고려해야 하므로, 부동산에 대한 정보 수집과 해석 능력이 그 어느 때보다 중요합니다. 하지만 정보를 어디서, 어떻게 수집하고 분석해야 할지 막막한 분들도 많습니다.

비전문가도 쉽게 따라 할 수 있는 부동산 정보 수집과 분석 노하우를 살펴보겠습니다.

(1) 정보는 어디서 얻을까?
- 공식 플랫폼 활용법

과거엔 발품이 필수였지만, 지금은 클릭 몇 번이면 상당한 정보가 확보됩니다. 신중년이 쉽게 접근할 수 있는 공신력 있는 온라인 플랫폼은 다음과 같습니다.

1) 국토교통부 실거래가 공개 시스템
전국 아파트, 단독주택, 오피스텔의 실제 거래가 검색 가능

2) 네이버 부동산, 직방, 호갱노노
매물 정보 외에도 시세, 인근 시세 비교, 학군·교통 정보도 함께 제공. 특히 호갱노노는 지도 기반 시각화가 잘되어 있어 초보자에게 추천

3) LH(한국토지주택공사), SH공사(서울주택도시공사)
공공임대, 실버타운 분양 및 입주 정보 확인 가능

4) 통계청·보건복지부 자료
고령자 인구 분포, 의료 접근성, 사회복지시설 분포 확인 가능

이외에도 지자체 홈페이지를 통해 고령자 맞춤형 정책주택, 커뮤니티 시설에 대한 정보를 수시로 확인하는 것이 좋습니다.

(2) 정보를 어떻게 읽을까?
– 신중년을 위한 분석 포인트 5가지

단순히 정보가 많다고 좋은 판단을 할 수 있는 것은 아닙니다. 특히 신

중년이 부동산 정보를 해석할 때에는 아래와 같은 포인트를 중점적으로 살펴보는 것이 좋습니다.

1) 안전성: 지반, 재난 위험, 노후도
- 건축연도와 리모델링 이력, 내진 설계 여부 확인
- 하천 인접 지역, 저지대 등 침수 위험 여부

2) 접근성: 병원, 시장, 대중교통과의 거리
- 도보 10분 이내에 병원, 약국, 대형마트가 있는지 체크
- 지하철역 반경 500m 이내인지 여부는 특히 중요

3) 생활 편의성: 엘리베이터, 보안시설, 커뮤니티 공간
- 저층이라도 엘리베이터 설치 여부 확인
- 24시간 경비 시스템, CCTV 등 보안 체크

4) 입지 가치: 미래의 개발 계획과 가치 상승 가능성
- 인근에 예정된 재개발·재건축, 역세권 개발 확인
- 지자체의 도시재생사업 참여 지역인지 여부도 긍정적

5) 경제성: 전·월세 수익률 또는 매매 대비 생활비
- 매매가는 낮지만 관리비가 비싼 곳은 장기 거주에 불리
- 임대수익형 부동산은 수익률 4% 이상 확보 여부 체크

(3) 주관적 판단을 줄이는 팁
– 체크리스트 작성하기

많은 신중년들이 '좋아 보인다'는 직관에 따라 판단하다가 후회합니다. 따라서 다음과 같은 주거 선택 체크리스트를 만들어 두고, 후보지를 비교 분석하는 것이 좋습니다.

체크리스트 예시

항목	중요도(5점)	후보 A	후보 B
병원까지 거리	4	도보 3분	도보 12분
건물 노후도	3	2010년 신축	1995년 준공
역세권 여부	5	역세권	비역세권
관리비 수준	3	월 15만 원	월 9만원
커뮤니티 시설	4	O	X

이처럼 정량적 판단 기준을 가지고 비교하면 감정에 치우치지 않고 현명한 선택을 할 수 있습니다.

부동산 정보는 어디까지나 도움 도구일 뿐, 정답을 제시해 주지는 않습니다. 가장 중요한 것은 정보 속 수치가 아니라 '나에게 맞는가?' 하는 것입니다.

'나는 엘리베이터 없는 5층 건물에서 불편하지 않을까?'
'매달 월세를 받는 수익보다, 그냥 마음 편히 살 집이 더 중요하지 않을까?'

'커뮤니티가 활발한 공간이 내 성향과 맞을까'

이처럼 정보는 나의 건강 상태, 가족 구성, 성향, 활동성과 연결해서 판단해야만 올바른 주거 전략이 됩니다.

7. 결론
: 부동산은 '건강'의 일부다

"좋은 집이란 무엇인가?"

이 질문에 대한 답은 나이와 삶의 단계에 따라 달라집니다. 신중년에게 있어 좋은 집은 더 이상 자산 가치가 오를 집, 면적이 넓은 집이 아닙니다. 좋은 집이란 건강을 지키고, 삶을 편안하게 하고, 나답게 살아갈 수 있는 집입니다.

우리는 오랫동안 부동산을 재산 증식의 수단으로 여겨왔습니다. 그러나 신중년 시기 이후의 주거는 '자산'이 아닌 '삶의 질' 중심으로 전환되어야 합니다.

(1) 자산이 아닌 삶의 질 중심의 주거 전략 필요성

지금까지 많은 사람들이 주택을 '투자처'로만 인식해 왔습니다. 물론 과거에는 부동산 가격 상승이 자산 증식의 주요 수단이었고, 이러한 인식은 자연스러웠습니다. 그러나 평균수명 83세, 기대여명 90세 시대에 접어든 지금, '집'은 더 이상 단순한 투자 대상이 아니라 노후의 삶을 어떻게 살아갈 것인가를 결정짓는 핵심 인프라가 되어야 합니다.

더 많이 오를 집보다, 덜 아픈 집을 선택해야 할 때입니다. 가치의 상승보다, 생활의 안정이 우선되어야 합니다. 고정관념을 버리고, 현재의 건강 상태, 일상 루틴, 사회적 관계, 정서적 안정감을 고려한 맞춤형 주거 전략이 필요합니다. 재테크가 아닌 '라이프테크'로서의 부동산 활용이 필요한 시대입니다.

(2) 신중년을 위한 새로운 라이프 플랜 - 공간은 곧 건강

신중년은 단순한 고령자가 아닙니다. 과거보다 건강하고, 활동적이며, 여전히 사회와 연결되어 있고, 스스로 삶을 설계해 나갈 수 있는 힘이 있는 세대입니다. 그렇기에 이 시점에서의 주거 선택은 단순한 거주지를 넘어서 제2의 인생을 설계하는 라이프 플랜의 시작이 됩니다.

공간은 단순한 물리적 장소가 아닙니다. 공간은 우리의 생활을 지배하고, 습관을 만들며, 관계를 결정짓고, 결국 건강과 직결되는 삶의 무대입니다.

빛이 잘 드는 거실에서 책을 읽는 일상, 이웃과 안부를 나누는 공동 커뮤니티 공간, 의료기관이 가까운 동네에서 느끼는 심리적 안정감, 불필요한 계단 없이 이동할 수 있는 구조, 이 모든 것이 건강한 삶의 조건이자, 신중년의 일상을 지탱하는 기반이 됩니다.

이제 우리는 부동산을 다시 정의해야 합니다. 집은 자산이 아니라, '나를 가장 잘 돌보는 공간'이어야 합니다. 그 공간이야말로 신중년의 건강을 지키고, 존엄한 노후를 가능하게 하며, 나다운 삶을 지속할 수 있는 터전입니다.

앞으로의 삶에서 부동산은 단순한 재산 항목이 아닌, '건강 관리의 연장선'으로 바라봐야 합니다. 그것이 바로 신중년이 삶의 두 번째 전성기를 건강하고 의미 있게 살아가는 길입니다.

>>> 참고문헌

- 김준형《고령사회와 부동산》, 박영사, 2024.
- 김영기·이광원 외 7인《재테크 실전 노하우》, 브레인플랫폼, 2025.
- 유선종·김세율,《고령친화 주거단지(CCRC·UBRC)》, 박영사, 2025.
- 이광원,《노인이 인식한 주택개조필요성 유형화 및 영향요인에 관한 연구》, 미래사회, 2024.

>>> 저자소개

이광원 LEE KWANG WON

학력

- 건국대학교 부동산학 박사
- 성균관대학교 에너지공학 박사
- 연세대학교 기계공학 석사
- 성균관대학교 기계공학사
- 관악고등학교

경력

- 현) 신안산대학교 부동산학과 학과장
- 현) 신안산대학교 평생교육원 부동산재테크과정 주임교수
- 현) 범부처 평가위원(IRIS)
- 현) 해외건설 전문가컨설팅 위원
- 현) 중소기업 경영개선 컨설턴트
- 전) 건국대학교 부동산 산업 연구회 회장(17대)
- 전) SK건설(2014~2018)
- 전) 삼성엔지니어링(2009~2014)

- 전) GS건설(LG엔지니어링, 1991~2009)
- 전) 현대정공(1990~1991)

자격

- 사업관리 기술사(PMP, USA)
- ISO 심사원(ISO9001/14001)
- 1급 채용 면접관(KCA)
- 기업 R&D 지도사(KOTERA)

저서

- 《노인이 인식한 주택개조필요성 유형화 및 영향요인에 관한 연구》, 미래사회, 2024.
- 《한국인의 부동산 투자목적 및 선호 유형화에 관한 연구》, 인문사회21, 2023.
- 《창업경영컨설팅 방법론 및 사례》, 브레인플랫폼, 2023.
- 《인간중심경영과 조직성과》, 인문사회21, 2021.
- 《부동산학과 재학생의 인턴십 합격요인에 관한 연구》, 경영컨설팅연구, 2020.
- 《해외건설수주액 예측을 위한 최적모형 개발》, 한국건설관리학회, 2020.

수상

- 신안산대학교 총장 2023학년도 우수 교원 공로상 포상, 2024.
- 신안산대학교 총장 2022 연구과제 우수교원 표창, 2023.
- 신안산대학교 총장 2020 연구과제 우수교원 표창, 2021.

5장 | 전현주

일상의 활력을 위한 신중년의 B·M 건강 관리 기술법

1. B·M[01] 노화 관리를 위한 이해

어느 날 문득 건강의 위험성을 인식하고 생활 전반에서 자기 돌봄을 위해 신경을 쓰게 된다면 늦었지만, 그것은 축복이다. 건강의 필요성을 몰랐던 것은 아니지만, 바쁜 일상 속에서 세밀하게 실천할 여유가 없었다. 바보 같은 핑계였다고 치부할 수도 있다. 삶을 잘 살아가는 방법은 주도적인 학업과 진로 설계, 생애 목표를 달성하고 실천하는 것이라 배웠고, 청소년기 이후 꿈을 향해 달려왔다. 얼마나 공(功)을 들이며 시간을 살아왔던지 스스로 칭찬할 만하다. 나의 자긍심은 대단하다.

가끔 전신거울을 통해 나의 모습을 바라보면, 오랫동안 유지해 오던 습관이 몸에 배어있음을 느낀다. 사고방식과 몸의 상태를 통해 어떤 삶을 살아왔는지 곧 짐작할 수 있다. 자주 반복했던 의식주의 행태를 포함하여 건강에 대한 나의 특성이 몸에, 무의식 속에 은근히 배어있다. 자신을 표현하는 절대적인 얼굴상과 본질을 알아차리게 하는 데는 표면상으로도 여러 가지가 있다. 현재 모습에서 풍기는 인상, 자주 하는 독특한 행동, 무의식적인 태도, 언어의 습성, 선악에 대한 윤리 도덕관, 가치관, 기호 음식에 대한 폭식과 자주 섭취하는 음식물 취향 등은 지금까지 보전된 신체와 살아왔던 시간에 대해 추측해 볼 수 있다.

젊은 시절, 어떤 선택을 한 후 삶의 동기를 위해 뛰어왔는지 라이프 방식을 가늠해 볼 수 있다. 우리가 활동하는 몸, 건강한 신체는 그 자체로

---

01)   B M: Body와 Mental의 하이브리드 시스템의 줄임 약어.

도 행복이다. 살아있는 동안 호흡이라는 성대한 몸의 시스템 가동을 위해 매일 시동을 거는 활동을 너무도 무심하게 이어왔다. 몸의 가동을 위해 엔진에 시동을 거는 호흡, 요동치는 움직임이라는 인식은 너무 늦은 깨달음이다.

오늘도 나는 살아있다. 24절기에 알맞게 순환하는 자연의 이치를 절묘하게 느끼듯 우리의 몸 순환에 대한 건강 깨달음은 빠를수록 좋다. 건강한 신체는 그 자체로도 행복이며, 호흡이라는 생명의 시스템을 무심히 이어온 것도 이제는 감사하게 느껴진다.

자연의 순환처럼 우리의 몸도 순환한다. 노후가 다가올수록 소외된 신체 부위의 통증은 심화되고, 그 통증은 소중한 정보를 제공한다. 뒤늦게 알아차린 신체의 노화 상태는 마치 늦은 오후 5시 55분[02]처럼 아쉬운 시간이다. 의심과 부정, 인정과 수용을 반복하며 결국 받아들여야 할 현실이다. 건강은 모든 활동의 기본이며, 지금이라도 건강 전성기를 누리려고 움직인다면 감사한 일이다.

후회할 만큼 병이 진행되었다면 죽음의 의식을 위해서 서서히 준비해야 한다. 아름다운 시간을 위해 신속하게 힘든 몸을 위로하고 욕심으로부터 관리해야 한다. 건강함은 진화를 위한 나의 성장 과정이다.

---

02) 5시 55분: 수비학에서 '5'의 의미는 갱생, 유동성, 움직임, 변화, 전이, 단호함을 상징하고 있다. 단호하게 교체 전환이 절실하다는 은유적 표현.

(1) 건강한 생각, 마음 회복 기술

1) 현재의 나 인정하기, 그리고 독립된 의지 구축하기

현재까지의 나를 탐색해 보면, 정신적으로는 아버지를, 신체적으로는 어머니를 닮았다. 라이프 형태를 통해서 확실하게 이해하게 되었다. 부모님께 물려받은 염색체의 특성을 부정할 수가 없다. 더 피하지 말고 전승된 유전인자를 감수해야겠다.

강인한 생명력과 건강한 루틴으로 바꾸어야 한다. 첫 번째로는 이 작업을 이행하려면 인정할 모든 것은 먼저 인정을 하고 시작하는 것이다. 온전히 마음이 편안해야 한다. 다가오는 상황에 요동치지 않도록 마음의 편안함을 위해서 주변인의 안정은 절대적인 조건이다.

우리는 알고 있다. 편안한 노후를 위해서는 젊은 시절부터 재화를 안정적으로 확보해야 한다는 것을 부모님을 통해 배웠다. 부자가 되어야 한다는 신념 같은 꿈은 성실하게 살 수 있는 기본 태도로 밑받침이 되었다.

경제적으로 평균에 미달하지 못했다 하더라도 속상할 일은 아니다. 신중년의 건강한 마음 관리를 위해서는 여전히 할 것이 많기 때문이다. 아직은 시간이 넉넉한 편이다. 은퇴 이후에도 더 용기를 내어보자. 건강 보전을 위해 면역체계를 지키려면 몸을 움직여 보자. 관절, 근육과 피부를 보호하고 신경질환으로 몸이 쇠약해지기 전에 한 번 더 쉼 없이 온몸을 움직여 본다. 심장박동에 숨쉬기로 늘어지는 몸을 위해 마음이 지치지 않게 격려하는 것이다. 마음의 작용은 몸이 아프든지, 몸이 건강하지 않아서 마음 앓이를 했던 인생 시간의 무의식적인 숙련을 의미하는 것이다.

  신중년에 심신의 성공적 건강법은 가장 기본적이지만 숨쉬기 잘하기처럼 의식적으로는 정신적인 성숙을 도모하는 것이다. 쉽게 말하자면 나이의 숙성에도 두려워하고 있는 신체와 의식을 방해하는 적은 무엇인지 알아내기를 하는 것이다. 불안이든 스트레스든 신체의 질환을 방지하기 위한 중요한 활동에 대한 것이다. 지탱해 왔던 삶의 만족과는 다른 방해물을 파악해야 건강 침해에 대비할 수도 있다. 내면에서 두려워하는 방해 요인을 알아가는 것은 놀라울 만한 지혜를 의미하는 것이다. 필수적 건강에 신중년의 기본 개념은 점차 자신감이 줄어드는 의기의 순간에서 현실의 상황 대처 능력을 키우는 것이다. 완성도가 높았던 건강함이라는 성숙의 형태 이후, 건강 장애 현상은 또 다른 것을 대비해야 한다는 것에 대한 의미이다. 익숙한 것은 잠시 접어두고 이외의 새로운 학습과 적응은 우리 마음을 두렵게 한다. 노화를 통해 마음의 나약함이 반영되는 슬픈 현실 상황에 도전해야 한다. 혼자서도 잘 버틸 수 있는 독립적인 의식을 키워내야 한다. 10대 후반의 청소년처럼 가족에 의존했던 마음을 독립적으로 펼쳐낼 수 있도록 내면의 의식을 다져야 한다. 누구나 크고 작은 위기에 대처해 나갈 때는 서툴고 낯설고 적합한 활동이 어렵다고 두려움을 자주 토로한다. 속이 울렁거리는 것이다. 이럴 때 크게 또 한 번 호흡으로 감내해야 한다. 20대, 성인이 되었을 때 이미 그보다 더한 시련의 경험도 겪었으나 잊어버리고 살아왔을 뿐이다. 신중년에는 건강 보전이라는 과제로 다시 어려움을 경험해야 하겠지만 만족할 만큼 대처할 수는 있다. 살아오는 동안 다양한 역할과 동기, 경험과 가치관, 결과의 완성으로 의식이 확고하게 단단해졌기 때문이다. 경험치가 넓기에 혼란에 빠지지는 않는다.

신중년의 중요한 건강의 가치가 있다. 크게 보자면, 어른이라는 의미는 진정한 자기다움으로 만든다는 발달단계에 관한 일이다. 삶에서의 의식이 부정적이든, 긍정적이든 직면하게 되었으므로 독립적인 의식으로 균형을 이루어야 한다. 스스로 마지막까지 부여된 역할 수행에 독립성을 확립하는 의식 작업은 매우 소중하다. 평생을 통해 추구했던 마음의 열정, 자신을 지키려고 했던 본능적 염색체의 특성이 신체 내부에서 꿈틀꿈틀 움직인다. 조용히 눈을 감는다. 가장 필요한 것을 떠올리며 눈을 감고 집중한다. '수고 많이 했어, 정말 잘했어.' 나의 독립된 의식, 그 자율성이라는 삶의 목표에 점점 가까이 다가가고 있다. 나는 편안하고 여유로운 삶을 원한다. 가슴은 뻥 뚫리고 마음의 안식을 위해 문제가 사라진다. 원하는 것을 구하기 위해 진심으로 염원했다. 그것은 기쁨의 과정이다. 강력한 기도로 마음은 평온하다.

2) 의식을 살리는 점진적 호흡 기술법

아침에 눈을 뜨며 긍정적 마인드로 의식을 정돈한다. 성공적인 노화를 이루기 위해 마음 안에서 강력하게 추구하는 것은 무엇이지? 건강한 마음을 만들기 위해서 아기의 움직임을 유심히 관찰하듯이 집중한다. 면접시험이 아니므로 두려워하지 않는다. 나의 정신은 강인하고, 늘 나답게 우뚝 서 있다.

세상에 태어나서 단 한 차례도 호흡을 멈춘 때가 없었음을 알았다. 다이어트를 하겠다고 의도적으로 밥을 굶는 것을 빼고는 식사를 마다한 적이 없는 기억과 같다. 건강 관리는 외적으로 음식 섭취하기와 내적으로는 호흡에 관한 실천이다. 숨쉬기를 인식했으니 주도적으로[03] 호흡을 시행한다.

스트레스를 하나씩 나열해 놓고 불안 해소를 위해 크게 들숨을 들이키며 숨을 조절한다. 폐에 도달할 때까지 가슴의 횡격막을 열고 호흡한다. 어깨가 솟구치도록 은근하고도 살포시 숨을 모으는 것이다. 뇌를 향해 산소를 공급하겠다는 신호를 보낸다. 호흡으로 집중하는 내 모습을 그려 본다. 이산화탄소를 통제하면서 내 의식은 스스로 치유 작업에 몰입하는 것이다. '나는 온전히 살아있다', '나는 건강한 사람이야', '완전한 건강을 위해 생활하고 있는 거야'. 처음에 내 의식은 너무 단순했다. 호흡이 자연스럽고 익숙하게 경험할수록 나의 의식은 숭고하게 살아서 진화하고 있다. 단전으로 숨을 끌어내리고 모은다. 단전에 산소가 머무르도록 운전한다. 여섯을 쉴 때까지 호흡을 머무르게 하면서 주먹을 슬그머니 쥐었다가 점점 꽉 쥔다. 이렇게 여섯까지 다 세고 난 이후 날숨의 속도에 맞추어 주먹을 펴면서 단번에 길고 편안하게 이산화탄소를 토해낸다. 한 톨의 이산화탄소도 남기지 않도록 정성을 들여서 길게 숨을 뱉는다. 이렇게 여섯 차례를 수행하는 것이다. 몸에는 식은땀이 솟는다.

---

03) 주도적으로: 점진적 명상 호흡법을 의미한다. 집단 상담을 진행할 때 최소한 1주일에 3번 정도의 명상 호흡을 실행한다. 산소를 단전으로 끌어들인 후 호흡을 머무르게 하는 작업을 수행할 때는 어지러움, 두통으로 몹시 고통스럽다. 점차 익숙해지면 심신은 놀라울 만큼 안정화되고 차분해진다. 최소한 3개월의 시간 정도를 수련해야 몸에 익숙해진다.

점진적 명상 호흡을 통하여 명상 치유를 한 지도 이제 5년을 넘어서고 있다. 나의 점진적 호흡법이 기술적으로는 완벽하지 않을 수 있다고 생각한다. 처음에는 물론, 호흡을 탐색하는 기법이 수월하지 않았던 기억이 있다. 그러나 아무리 대단한 그 어떤 것을 시도한다고 해도 자신의 것으로 체화해야 한다는 것은 알아야 한다. 누구라도 어떤 배움을 처음 시도할 때에 알고 시작하는 경우가 얼마나 있을까? 그래서 자신 있게 말하고 있다. 이 주도적 호흡법을 점진적으로 수행하면서 나의 '○○화(化)', 나만의 내면 안정을 위해 요긴하게 활용하고 있다. 나만의 호흡법, 숨쉬기 운동으로 마음속 의식의 질, 산소 공급을 위한 펌프질은 대단히 강하게 향상되었다.

　이 호흡 기술은 연마할수록 내 안의 감정을 온화하게 이끈다. 두려움과 불안에서 벗어나도록 의식을 차분하게 조절할 수 있다. 살아가는 동안 올바른 숨쉬기, 기본적으로 신체 시스템을 규칙적으로 가동시키는 잠재된 능력의 활력소이다.

3) 산책의 힐링 치유, 우울감도 건강함이라고 본다

　직장에 출퇴근하면서 숨쉬기 호흡 운동으로 마음 다스리기 수련도 바쁘지만, 정성껏 해야 한다. 잠정적이지만 은퇴 이후에는 규칙적 일과가 될 것 같다. 저녁 시간이 되어 아파트 주변으로 산책을 나온다. 하천가를 돌면서 새삼스럽게 나는 스스로 놀라운 발견을 한다. 나는 늘 물과 같은 변화를 좋아해서 가치가 있는 것이라고 생각이 들면 그것을 이루기 위해 급하게 에너지를 발휘하였다.

햇빛을 피해 그늘을 찾아서 이동하는 나의 걸음걸이가 나의 삶에서는 의지의 실천이다. 나무 그늘 밑으로 한 걸음씩 발걸음을 옮긴다. 그늘에서 바라보는 햇빛. 햇빛을 향해 벗어나는 용기도 내야 한다면 주저하지 않고 행동한다. 좋아하는 것이 무엇이든지 지체하지 않고 도전해 나갔던 시간은 신념 같았다. 잔잔한 바람을 통해 전해지는 자연의 냄새, 풀 익은 향기를 느껴본다. 오감을 활용하여 소나무 향을 냄새 맡고, 바람의 잔 날개를 온몸으로 느껴본다. 직박구리의 깍깍 울음소리로 자연 치유를 한다. 늦여름의 절정을 알리는 매미의 연주 소리, 말로 다 표현할 수 없는 기분 좋은 나무, 풀 향내를 느끼면서 나의 의식은 생동감을 느낀다. 후각을 통하여 나의 감정, 묵은 기억, 행동은 조절되고 스트레스는 감소한다.

  살아있음에 대한 깨달음과 함께 평온하게 자극을 받는다. 다른 사람에게 나는 어떤 가치 있는 사람인가? 나를 기억할 때 어떤 향기가 나는 사람으로 인식되고 있는지 다시 궁금해진다.

  나는 주변인의 평가를 의식하는 사람이다. 목적을 달성하고 성과를 이루었을 때 칭찬과 보상을 원하는 현실적인 사람이다. 신경과민, 몹시 미숙한 사람이다. 신경이 예민하게 과열된 날은 스스로 나의 마음을 토닥거리며 심리를 다스릴 줄도 알고 있다. 가끔은 흐린 날, 우울감이 마음을 지배할 때 커피의 고소한 원두 향기에 취하고 싶어 카페에 가고 싶은 날이 있다. 이러는 내가 스스로 지나치게 긴장하거나 적극적일 때는 어떤 모습으로 인식되는지도 신경이 쓰인다. 평소에 곧잘 자주 하는 중요한 모임에서 돋보이고 싶지만 숨어버리기도 한다. 활발한 노력을 활용하는 것보다는 은둔하면서 건강을 유지하려고 애쓰는 편이다. 스스로 뒤돌아보는 행동을 한다.

　자기 성찰, 자기 반성은 나의 강점이다. 여태껏 만나오던 친구들, 강의 활동하면서 접해왔던 수많은 사람을 떠올려 본다. 나의 여유와 안정을 위하여 도움을 받았던 분들이다. 더 발전적인 변화를 위해 마음속에 그리던 신념은 늘 힘에 부딪히는 시간이다. 평가를 위한 고달픈 노력은 우울감을 형성한다. 짧은 시간에 산책하는 일과도 우울감을 신체적으로 표현하는 방법이다. 우울감을 표현하려고 산책이 아니라 자기 표방화를 위한 이야기로서 풀어내는 것도 정신 건강을 위하여 매우 바람직한 활동이다. 우울감, 강박, 분노, 편집성향도 내면의식을 다지는 중요한 실천적 활동이고 중요한 시간이다. 자신의 약점을 감수하는 일, 여전히 드러내지 않고 가장 두려워하는 것이 무엇인지 탐색해 보며 이야기 나누기를 시도한다.

　우울감 등의 현재 자신의 감정에 대하여 네거티브적 이야기 요법을 시도하면서 이끌어 내본다. 칭찬을 받으면서 결정적으로 무너지는 본인의 약한 모습에 대해 느끼고 있어야 한다. 거짓 칭찬을 하는 데도 모르는 척 간지럽게 듣고 있다면 이런 의식 수준은 성격 장애라고 할 수 있다. 우울증, 오로지 자신에게 집중하라는 언어로써 당연하게 들으며 자라왔고 능동적으로 활동하게 된 원인으로 감성통증이라고 본다. 그래서 우울감이 안타까운 것만은 아니다. 나는 항상 결심만 하는 사람이 아니다.

　이제 흠뻑 햇볕을 머금은 숲의 그늘처럼 나를 위하여 의미를 찾아보자. 소나무 솔방울을 손으로 눌러 지압도 하면서 만지고, 냄새 맡고 소리를 듣고, 하고 싶은 그대로의 치유법으로 의식을 정화시켜 본다. 자식으로서 역할, 가정을 이루면서 수행해야 했던 책임감을 강력하게 칭찬으로 연계하여 해석해 본다.

'수다를 떤다'라고 언급되어도 좋다. 마음껏 감정을 표현해 본다. 우울증은 우울감을 나타내 보이는 정신 건강에서 가장 새로운 무대장치이다.

4) 쓸모 있는 어울림, 관계 구축

TV를 시청한다. 유튜브를 통해 보면 대한민국이 얼마나 풍요로운 부자 나라인지 인식하게 된다. 유명 연예인이 아프리카의 어느 국가나 전쟁(내전) 중인 나라를 유니세프 같은 국제기구를 통하여 방문하여 돌봄이 절실한 유아, 아동의 무자비한 어려운 상황에 대하여 고발하듯 실상을 보여주는 프로그램이 있다. 후원금을 요청하기에 나도 마음이 이끌려 조그만 액수로써 동참하고 있다.

내 인생을 완전하게 바꾸어 놓았던 계기가 있었다. 2005년, 주부로서 살림을 열심히 살다가 제일 처음 발을 들여놓은 곳은 거주하고 있는 자치구 자원봉사센터의 방문에서 시작되었다. 내 삶의 단계가 어떻게 펼쳐질지 꿈도 꾸지 못하던 시절이다.

성공에 대한 펼침, 기대와 열망, 그리고 두려움과 불안감, 그 방법을 찾을 수 있을지도 모른다는 강력한 믿음으로 이끌려 왔던 단체이다. 무지했지만 용감했던 노크는 일상적인 활동을 의미 있게 만들었다.

사회봉사 단체에서의 작은 발걸음이 선행이라는 이름의 활동으로 이어져 나는 차근차근 지금의 자리까지 성장할 수 있게 되었다. 성공하려면 이타적인 마음이 즉각적으로 표현될 수 있어야 한다. 내 이웃 주변인들의 문제가 즉시 해결되기를 바란다면 너무 급하게 서두르거나 미루지 말았으면 한다.

최상의 문제 해결 방법이 존재하기에 전략가의 도움을 이끌어내야 한다고 생각한다. 또 있다. 작은 정성이라도 자선기금을 기부한다면 더 의미가 있겠다. 노화에 직면하는 불확실한 미래의 시간, 또 현재의 두려움을 수반하는 시간을 생각하자면 어울림에 대한 답이 있다.

나를 찾아오는 누구든, 내가 필요하다고 도움을 요청하는 주변인이 있다면 망설임 없이 어울리면 된다. 간절하게 도움을 요청하는 그 누군가에게 뜨겁게 심장의 박동수를 나누어 주면 깔끔하게 해결된다. 어울림은 다 쓸모가 있다. 보통 사람이든, 특별한 사람이든 성공적 관계를 원한다면 나의 뜨거움으로 사랑의 정서를 만들어야 한다.

신중년의 노화와 불확실한 미래 속에서 어울림은 답이 된다. 도움을 요청하는 사람에게 망설임 없이 다가가고, 사랑의 정서를 나누는 것이 중요하다. 가족 간의 오해를 해소하고, 정신적 만족을 느끼며, 돈보다 소중한 것을 깨닫는다. 사회봉사 활동은 자존감을 회복하고, 성장할 수 있는 경험 공간을 만들어 준다. 조금 기운은 부족하다고 느끼겠지만 어울릴 수 있어서 행복감을 느껴볼 수 있다. 측은지심. 도움을 제공하고 노화에 대한 극경계심을 잠시나마 잊게 해준다. 시간조절력, 자기 이해, 행복감에 대한 긍정심, 스트레스성 긴장과 불안 심리 변화에도 탁월하게 작동되는 이타심으로 관계 기술이 작동된다. 진정한 어른의 관점에서 경직된 사고를 변화시키는 대인 기술을 학습할 수 있다. 자원봉사기관을 중심으로 자긍심을 회복할 수 있는 관계 만들기는 '돈 말고도 소중한 것은 많다'에 대한 신뢰감을 만들어 낼 수 있다. 외로움을 끌어올리는 사회관계망 속에서도 온정(溫情)의 심리는 신중년의 대외 활동에서 꼭 되새겨야 할 요소이다.

어울림은 자신을 존중하고 타인에 대해 인정하는 문화 속에서 만들어진다. 자존감을 유지할 여유만 있다면 사회봉사 활동으로 이어진 어울림은 마음을 넉넉하게 한다. 건강한 신체 돌봄은 어울림의 쓸모를 위해서 스스로 잘 길들여야 한다. 마음의식의 평온함을 위해 다가감의 관계를 만들어야 한다.

신중년에게 정신 건강의 의미는 자기를 인식하는 것이다. 안정적인 관계를 위한 협력과 지속적인 어울림을 잘 만들어 가는 것이다.

(2) 건강한 몸, 에너지 향상을 위한 신체 유지법

1) 아프니까 산다

건강을 생각한다면 이럴 때가 아니다. 나는 오래된 10여 년 전부터 매일 아침 규칙적으로 여러 종류의 약 복용을 하고 있다. 기본적으로 병원 의사에게 약을 처방받은 위한 시점부터 건강에 대한 경각심을 가지라는 애정적인 진단으로 이해한다.

　혈압에 대한 약 2종류를 복용하면서 돌아가신 아버지를 떠올린다. 아버지께서는 고혈압약을 돌아가시기 전 몇 해 동안을 드셨다. 작년에 살림을 합친 어머니는 80세 중반이 넘으셨는데 올봄에 고혈압을 판정받으셨다. 내 기억에, 부모님은 각각 1회씩 허리 수술을 받으셨다. 허리 수술 이후의 자세 교정에 주의하지 못했던 아버지는 돌아가실 때, 걷는 자세가 기울어 버린 상태였다. 어머니는 무릎 뒤, 림프종의 이상으로 60세 중반부터 통증을 호소하셨고 무릎 수술을 3번이나 받으셨다. 무릎 지지를 위해서 아대 착용으로 근육에 힘을 지탱받으면서 생활해 오셨다. 수술받는 것에 공포와 두려움이 많아서 죽을 때까지 다리가 불편해도 감내하겠다는 의사를 표현하시므로 안타깝게도 온전한 상태로 다리는 회복하지 못했다. 그리고 무릎 상태의 불편은 뼈관절의 크로스 효과로써 허리와 목 관절까지 영향을 미치게 되었다.

　부모님의 건강 상태를 살피고 겪어오면서 자식으로서 유전자의 영향과 신체적 특성을 자연스럽게 이해하게 되었다. 건강한 몸의 관리, 목표로 한다고 혼자 완성되고 실천하게 되는 것이 결코 아니다. 생명을 주신 부모님의 삶의 모습에서 변화함을 알아차릴 수 있다.

　부모님의 특성은 진화과정[04]에서 환경인자와 유전적 암호에 따라서

---

04)　과학적인 실험과 소양이 부족하지만 스스로는 늘 부모님과 내 신체를 이어주는 의식 같은 몸의 체계가 존재한다고 가정하고 있다. 혈육의 전승이랄까 뭐 그런 창의적 발상을 적용하는 관점적 발상이라고 해두겠다.

반복적으로 결정되었을 것이다. 결정된 신체의 특이성은 나에게 영향을 끼치며 선택적으로 발전되는 것이다. 과학적으로는 증명해 보일 수 없다. 그러나 우리 형제자매의 신체의 특성과 몸의 인자를 관찰하고 음식물, 좋아하는 기호 식품을 섭취하는 것, 병이 발생했을 때의 대처 방법 등으로 영향을 받고 체감하는 몸의 신호체계를 이해하게 된다면 몸의 습관에 대해 자세히 학습해야 하겠다. 부모님의 신체 현상은 나의 신체 변화를 알 수 있도록 이끌어 들이는 거대한 자석에 붙는 쇳조각의 부산물과 같다. 그래서 부모님의 존재는 나의 거울이라고 생각한다. 신중년의 나는 건강 관리를 위해 부모님의 생활 습성을 잘 이해하고 있다.

나는 내 몸을 위한 관찰 일지를 작성한다. 노화를 유쾌하게 받아들이기 위한 가장 중요한 신체 관리를 위해서는 음식물을 섭취하는 것이다. 자라면서 어른들로부터 좋은 물을 마셔야 한다고 자주 전해 들었다. 아버지는 이온수를 만드는 장치로 물 실험을 하셨던 것인데 호흡을 하면서 숨을 쉬기에 집중하는 이치처럼 아침에 일어나서 일상생활에서 좋은 물, 맛있는 물을 마셔야 한다고 하셨다. 물이 혈관을 통해 산소를 운반하므로 노폐물을 제거하려면 좋은 물을 마셔야 한다.

실제로 상담을 직업으로 가지게 되면서 나는 어느 순간 수분 부족으로 입이 말라버리는 건조증 현상이 발생했다. 어느 때는 침이 한 방울도 분비되지 않아 입속의 혀가 마르고 붙어버리는 현상까지 겪게 되었다. 위기상담의 횟수가 늘어날수록 나는 물을 열심히 섭취할 수밖에 없었다. 이 신체 현상은 위기상담에 응대하면서 정신적 스트레스가 가중된 상태에 도달하게 된 것이다. 면역이 떨어져서 산소 공급이 되지 않은 상태를 의미하는 것이다. 빨리 물을 마시고 산소의 에너지를 끌어올리는 힘을 보충하라고 혀의 상태로 전달하는 몸의 신호체계라고 생각한다. 물을 충분히 마시고 거울을 마주한다면 피부는 윤기가 나고 탄력 있게 보인다. 하루 1.5리터씩 건강한 물 마시기 실천하기에 돌입하고 있다.

상담을 하면서 식습관에도 서서히 변화가 왔다. 식사 후에 움직임이 덜하고 계속 앉아서 일을 진행하느라 움직임이 적은 것이 상담업의 단점이다. 우아하게 상담을 진행하는 것은 나의 불찰일까? 시야를 넓혀야겠다고 생각했다. 나는 자발적인 움직임으로 신체 시스템을 가동하는 편인데 이미 건강에는 적신호가 와버린 후였다. 그래서 무식함은 대단히 치명적이라는 것을 알게 되었다. 몸의 고통을 받고 나서야 건강 보전을 위한 활동으로 연계시키는 것은 그나마 축복이라고 말할 수 있다.

현재의 시간이 무척 소중하다. 신체가 불편하고 아프니까 신경은 예민하다. 안정된 신경의 정화를 위해 기다리는 훈련을 수행하고 있다. 예전에는 음식물을 가려서 먹었지만 이제 기호 음식을 중점으로 섭취하지는 않는다. 어떤 음식이든 감사하게 기도하고 맛있게 먹고 있다.

몸의 건강을 위해서는 좋은 물 마시기와 식사 잘하기는 필수요소이다. 노화를 위로하기 위해서는 식습관과 생활습관을 올바르게 하면서 운동을 하는 습관이 중요하다.

2) 직업적 자아 해석

물 마시기를 통해 신체 세포를 위로하며 격려하고 있다. 처음 상담심리 공부를 이수하면 심리검사를 측정한다. 나는 HS 건강 염려증이 측정되었다. 이미 바쁘게 상담 공부에 돌입했던 이유는 내 안의 불안과 분노를 해소하려는 움직임이었다.

맏며느리로서 시모님의 간경화 악화 증세로 나는 감당할 수 없는 스트레스를 받으며 간병을 이어갔다. 경험하지 못한 피로와 쇼크는 몸에 누적되어 신경을 자극한다. 환자의 출현으로 가족의 유대감은 흔적도 없이 사라져 버렸다. 집안의 환자로 인해 가족의 정서는 이기적으로 변하고 환자의 회복에 대한 기대감은 점차 무너져 갔다. 환자의 간병에 '의지'라는 표현은 긍정적 상태를 의미한다.

30대 후반에 나는 이미 기(氣)를 상실한 상태였다. 환자의 상태는 호전할 기미를 보이지 않고 가장 중요하다는 초등 4학년의 두 아이 양육으로도 기진맥진하고 있었다. 진기(珍奇)가 다 빠져나가 버렸다. 회복되지 못하고 누워버린 환자의 존재로 스트레스를 받게 되자 내 상태는 빛을 잃어가고 숨을 쉬고 밥을 먹어도 몸이 건강하지 못했다. 몸이 짐처럼 느껴지고 눈꺼풀은 내려앉을 듯 무겁기만 했다.

도피하고 싶은 심정으로 상담심리 공부에 입문하게 되었다. 누구는 제도권의 학업을 위해 상담을 시작했다지만 나는 나의 목숨을 살리는 일이므로 처절하게 공부에 매달렸다. 비전이 없는 인생에서 노화의 속도는 빠르게 가동된다. 내가 원하는 삶은 무엇일까? 똑같은 조건에서 다른 사람보다 100배 더 열심히 일하고 스스로 위기에서 탈출하면서 살아왔던 시간이었다.

정신적으로 침체되어 버린 상태에서는 음식을 먹어도 소화기관이 막혀버려 위장으로 운반되지 않았다. 매일 끼니마다 체하고 토하고 반복하면서 이렇게도 신체 시스템이 정상적이지 않으니 영양의 부조화로 영양실조에 이르게 되었다. 얇아진 손톱은 찢어지고 머리카락이 똑똑 끊어져서 베갯머리에 어지럽게 부서지니 공포를 유발하던 시기이다.

정신적 스트레스가 한도 끝도 없었기에 스스로 살기 위해서 본능적으로 선택했던 상담심리 공부였다. 새벽 4시가 되어도 잠을 이룰 수가 없었다. 미래의 불투명성, 아이의 양육 부담, 생활환경에서의 유능한 역할 수행의 책임감, 나의 진화에 대한 의문점으로 나의 노화는 촉진되고 활성화되었다.

상담 일을 시작한 지 20여 년이 흐른 지금, 그 시간은 내 인생을 다지기 위한 욕구의 탐색과 해소를 위한 시간이었다. 자유롭게 숨 쉬고 살기 위해서 상담 공부에 입문했다.

이 직업으로 나는 병을 돌보게 되었다. 건강 염려증, 나다움의 발휘증, 꿈을 실현하기 위한 일머리 관심 중독증, 스스로 상실을 준비하고 대처하기 위한 에고 에고증이다. 큰 거울 앞에서 나를 향해 말한다.

"이제는 네가 하고 싶은 대로 마음대로 다 해봐. 네 몸이 원하고 있다면 마음대로 다 먹어 봐. 이제 나는 의심하지 않아. 내 마음이 원하는 대로 다 해도 괜찮아. 그렇게 자연처럼 살아가는 거야. 내 느낌대로 살아가는 거야."

3) 운동하기, 위기의 신체 관리 기술

운동으로 체력을 다지는 일은 보통의 시간처럼 간단하지 않다. 날씨가 너무 무더우니까 일과 능률적인 시간을 완성하려면 물 마시기를 쉽게 할 수 있는 헬스장이 적합하다. 중요한 진실이다. 나의 재능 키움을 위해 주저 없이 투자할 수 있는 체력장이 아파트 내부에 있다. 자신감도 만들고 노화도 잡고 운동 속도를 통해 생동감을 확인해 볼 수 있는 곳이다. 막연히 확인할 수도 없는 미래가 아니다. 현재를 놓치지 않고 신체 기능을 확인해 볼 수 있는 집중력을 발휘할 수 있는 곳이다.

신체의 기능 향상은 역경을 이기게 한다. 몸의 기능 향상을 위한 단련은 스스로 하는 협력이며 교류의 대상이다. 신체 기능을 위한 향상은 자신을 향한 드러냄의 애정 표현이다. 인간관계에 연연하지 않는다면 신중년의 활동으로는 애정할 만한 것이다. 현상적으로 통찰력을 키우면서 고난에 대비할 수 있는 신체 단련 기능은 이제 선택의 여부를 고민할 문제가 아니다.

나를 보전하고 건강한 노화를 위해 몸의 기능을 단련하고 몸과의 대화를 시도함은 나를 위한 필수적인 조치이다. 건강함이 늘 당연하다는 것은 사라질 때야 후회하는 어리석은 사고와 같다. **무조건 운동은 해야 한다. 그것이 나를 지키는 가장 확실한 방법이다.**

건강한 사람의 신체 수치 기준

혈압	120/80mmHg
맥박	60~100회/분
체온	36.5~37.5℃
호흡수	12~20회/분
헤모글로빈	남성 13~17, 여성 12~16g/dL
콜레스테롤	130~200mg/dL
칼륨	3.5~5.0mmol/L
나트륨	135~145mmol/L
칼슘	8.5~10.5mg/dL
비타민 D	30~100ng/mL
중성지방	150mg/dL 미만
공복 혈당	정상 100 미만 / 전 단계 100~125 / 당뇨병 126 이상
당화 혈색소	정상 4.0~6.5% / 당뇨병 6.5% 이상
철분	남성 50~170, 여성 50~130μg/dL
백혈구	4,000~10,000개/μL
혈소판	150,000~400,000개/μL
적혈구	남성 420만~630만, 여성 400~540만 개/μL

상담, 감정노동의 직업은 면역이 많이 저하된다. 특히 여성의 신체 부위의 기능 향상을 위하여 필요한 운동이 있다. 순환 부위의 마사지가 요긴한 기능 운동이라고 생각한다. 여성에게는 물 마시기와 숨쉬기 운동이 통한다고 할 수 있다. 림프절의 마사지를 통하여 면역도 순환시키고 혈관의 파워도 올리고 자율신경계의 혈맥도 위로해 본다. 근육을 풀어주는 효과로 자율신경계의 누적된 피로를 위한 일상의 회복 운동은 좋은 효과

로 들 수 있다.

 노화를 맞은 우리의 몸을 위해 당장 급박하게 시스템을 바꿀 수는 없다. 그러나 최소한의 건강 유지를 위하여 도움이 되는 기능은 몸의 부위를 위하여 지속적으로 단련시켜 주어야 한다. 위의 수치에 근거하여 신중하게 계획하고 몸을 단련한다면 어느덧 목표에 도달할 수 있다.

 나를 사랑하는 일은 곧은 자세의 신체 만들기이다. 신체 단련으로 멋진 몸의 S 라인을 회복한다면 노화에 대한 의미 있는 도전이라고 할 수 있다. 이로써 더 매력적인 것이 있다면 몸의 단련은 쪽꿈으로부터 몸의 대화를 유도한다는 것이다. 적절하게 투자하고 단련으로 회복된 신체를 위하여 자기 자신을 표현한다면 노화의 쓸모에 대비하게 되는 것이다.

 몸의 기능 약화로 말미암아 상실했던 몸의 대화는 노화의 시련이다. 극한 시련은 생존력을 약하게 한다. 이러한 관점에서 해석해 보면 몸의 단련, 신체 기능의 회복은 대단한 의미를 내포하고 있다. 생명력을 향상하게 만드는 것이다. 인간의 의식은 자기를 향하고 있다. 자기를 향한 가장 자연스러운 인식은 존재에 대한 부분이다. 신체 기능의 향상은 내 존재에 관한 확인이다. 여전히 살아있으며 잘 기능하고 있다는 존재의 확인이다. **노화 현상을 인정하지 않는다면 신체를 단련해야 한다. 자신의 존재를 위기에서 관리하라.**

2. 건강한 Body·Mental 치유 기술

(1) 독행(獨行)으로 다스리기, 나는 나다

 나의 마음은 안정적이다. 나의 심신은 평상심으로 가득하다. 나는 나를 사랑한다. 미소를 지어보며 웃는 연습을 한다. 상처로 익어버린 나를 위로한다. 나는 기도하며 여전히 나를 사랑한다. 소중하니까 더 소중하다.

 상처에 노출될까 노심초사 조심하는 나를 지독하게 사랑한다. 나비가 날아가듯 팔랑거리는 호기심의 나도 그냥 인정한다. 가난한 빈 주머니를 가지고 있어도 그런 나를 인정한다. 어떻게든 상처 속에서도 버티어내는 나를 사랑한다. 의지가 부러져서 두려움과 분노로 나약한 모습에도 그런 나를 인정한다. 한겨울에 차가운 냉면을 먹어도 그런 나를 사랑한다. 찌는 듯한 무더위에 부츠를 신고 다녀도 그런 나를 인정한다. 고소한 참기름을 뿌린 떡꼬치를 얹어서 편육에다 싸서 먹어도 그런 나를 인정한다. 텔레비전에 나오는 젊은 미남미녀 가수를 보면서 연애감정을 느끼는 그런 나를 사랑한다. 나의 잘난 점도, 약점도 그대로 닮은 아들, 그 아이를 사랑스럽게 바라보는 그런 나를 사랑한다. 그 아들을 그대로 닮은 그 아가를 사랑한다. 엄마, 아버지 탓을 하며 비난을 던져도 좋다. 용감하지 못했던 자신의 비겁함에 속상한 마음을 토로하는 그런 나를 인정한다. 지금도 내 편, 네 편을 구분하지 못하고 친구를 기다리는 모지리 나를 사랑한다. 그 친구를 위해서 빨간색 립스틱을 칠하고 거울 속의 자신을 응시하며 빙그레 미소 지어보는 그런 내가 미인임을 인정한다. 맛있는 음식이 두고 너무도 배고파서 허겁지겁 해치우고 자주 먹어도 또 맛있게 먹을 수 있다고 너스레를 떨어대는 그런 나를 인정한다. 사람이 그리워서 혼자 눈물도 지리는 나약한 너의 모습도 충분히 인정한다. 로또가게 문을 활짝 열고 들어서서 다섯 개를 살까, 열 개를 살까 고민하다가 결국은 열 개를 주문하는 소심하지만 알뜰한 너의 모습을 인정한다. 나는 조금 고통스럽다. 그런데도 의심하지 않는다. 나는 두렵다. 그런데도 용기를 가지려 한다. 근육의 긴장을 풀고 온몸의 뼈를 탁탁 두드리면서 스스로 다짐을 하는 그런 나의 심장은 건강한 에너지원이다. 심장의 펌프질로 뼈호흡을 할 수 있는 그런 나를 의심하지 않는다. 나는 나답게 살아야 한다. 독행은 나의 건강을 위한 판단이며, 노화를 준비하는 마음 펼치기다. 눈을 열고 귀를 기울인다. 나는 나를 의심하지 않는다. 나는 호흡에 집중하면서 심장박동에 귀 기울여 본다. 나는 여전히 살아있다. **노화의 시간은 기다리는 것이 아니라 대비하는 것이다.**

(2) 회복 탄력성의 탁월한 습관

1) 누적된 피로 풀어주기

의심은 자신에게 가장 치명적인 적이다. 밥을 잘 먹으면 건강하다고 배웠다. 잠을 맛있게 자고 나면 이런 건강이 따로 없다그 했다. 세월의 경험이 쌓일수록 현명해진다. 내면의 지혜는 살아나고 자신의 것에 집착이 강해진다. 노화를 맞으면서 신체 기능은 약화되어 간다. 자연스러운 현상이다. 슬프다고 좌절하지 않는다. 신중년의 동기를 무너뜨리는 건강에 대해 불안감과 두려움으로 다가온다.

　노화는 찾아온다. 반갑지 않다. 묵은 나이가 되면 천천히 드리우는 늙음의 일상이 걱정되고 의지는 무너져 내린다. 이번 생에서 숙제를 완성해야 한다. 아프지 않고 건강하게, 이제 마지막 기회라는 통념에 사로잡혀 버린다. 건강을 유지하려는 의지를 위해 필요한 무엇인가를 찾다 보면 우리 몸은 쉽게 굴복해 버린다. 몸뿐 아니라 지갑도 새어나가기 시작한다. 얼굴 주름, 눈가의 얼룩, 기미, 점, 쥐젖 등 세월의 피로가 누적되어 버렸다. 건강 미모를 관리할 의지가 순식간에 흔들려 버린다. 유명 병원의 전문의 광고를 확인하고 고집을 부려본다.

　걱정은 되어도 아직은 어른이다. 혼자 해결해야 한다. 가족들에게 도움을 청하고 바른말로 표현할 수도 없다. 혹시라도 자존심 다치는 소리는 피하고 싶다. 칭찬이 아니라면 마음이 서럽기 때문이다. 몸의 통증으로 괴로울 때는 게으름을 피우고 싶다. 그게 나의 회복을 위한 표현이다.

　나이가 들어서 그렇다고 핑계를 대는 것이라 해도 좋다. 혼자 병원으로 달려가면서도 움직여 본다.

　몸의 움직임은 의지이며 자존심이다. 노화를 피해 보려는 신중년의 삶은 고단하다. 마음과 몸이 따로 움직이면 어려운 일이라도 쉽게 회복할 수가 없다. 내 몸, 온전한 이 몸을 위해서는 처방과 진단을 내려야 한다. 만일 이런 때, 스트레스를 극대화시켜 버린다면 회복성의 문제는 치밀해진다. 이를 외상후 스트레스 장애(PTSD)라고 한다.

내면의 마음 건강과 몸의 건강이 조화롭지 못할 때 회복 탄력성은 약해진다. 나의 마음은 아니라고, 괜찮다고 인정하는데도 내 몸은 예민하게 부작용하고 통증을 부여하는 것이다. 계속되는 고통으로 건강에 혼돈을 느낀다면 그것도 집착이라고 할 수 있다. 노후의 힘, 건강함을 위해 그대로 마음으로 개방시켜 버리면 된다. 소중한 시간은 영원하지 않다. 신중년의 성취감을 이루고 건강 관리를 위해 어떠한 작동을 가할 것인가, 남아있는 에너지를 활용해 온전하게 비워낼 것인지, 우리 몸에 체화되어 지탱해 온 건강 시스템으로 어떻게 채울 것인지의 해답은 숨쉬기다.

우리의 호흡하기, 숨쉬기 활동에 보관되어 있다. 숨쉬기로 신선한 산소 방울을 온전하게 혈관 안으로 가득 채우고 녹여내려고 한다. 이제 날숨으로 이산화탄소를 완벽하게 비울 경험이 핵심이다. **하루의 묵은 피로로부터 편안한 수면이 나를 회복시켜 줄 것이다.**

2) 건강의 본질은 완전한 수면이다

여기 내 심장이 있다. 목에 힘을 가득 세운다. 긴장하지 않으려고 자세를 교정하고 있다. 스트레스를 이기려 하지 않는다. 삶을 견디면서 건강한 생존이 얼마나 대단한 축복과 은혜인지 잘 알고 있다.

부모님의 악화된 관절은 내게도 꾸준히 영향을 끼쳤다. 평소에 관절을 강화시키기 위해 뼈체형 운동을 꾸준히 이행하고 있다. 나는 부모님의 생활을 통해 건강의 소중함을 느끼고 있다. 몹시 예민하지만 일을 중단하면서 휴식을 취한다. 이제는 스트레스로부터 나 자신을 보호할 줄 안다. 절대로 욕심을 내지 않는다.

건강을 지키려는 집착에서 균형을 잡으려는 습관을 위해 목 관절을 좌우로 움직여 본다. 온몸의 구석구석에 미치고 있는 에너지원을 찾아서 완전한 수면을 청한다. 편안하게 베개에 온전하게 몸을 눕힌다. 몸을 위해 정화한다. 긴장감, 스트레스 덩어리, 단단하게 뭉쳐버린 어깨와 목의 근육, 우울을 유발하는 신경증, 울렁증, 노이로제 같은 집착, 학습 장애, 고혈압, 고지혈증, 저하된 갑상선 기능, 소화 장애, 이 모든 증상은 내 몸을 고착시킨다. 나의 건강을 지배하는 격한 증상들이 모인다. 모두 내 몸에 대한 모욕적 증상들이다.

나는 이 증상들로부터 나를 구출하고자 한다. 좋은 병, 나쁜 병이라고 판단하지 않는다. 건강 관리 방법과 확장할 의식의 상태를 위해 성급하지 않고 온화하게 기다리기로 했다. 밤새 혈관을 통해 온몸 그대로 수용하고 느끼며 조용히 기다린다. 수면을 취하며 들숨과 날숨을 반복하며 천천히 호흡한다.

아침에 눈을 뜨면 나는 온전하게 치유되어 있다.

>>> 참고문헌

- 기타나카 준코, 《우울증은 어떻게 병이 되었나?》, 사월의책, 2023.
- 데이비드 호킨스, 《치유와 회복》, 판미동, 2018.
- 박준기, 《두개천골 치유기법》, 좋은땅, 2017.
- 박제철, 《딜레마의 형이상학》, 세창출판사, 2019.
- 방륜거사, 《정법개술》, 비움과소통, 2017.
- 샤론 모알렘, 《아파야 산다》, 김영사, 2010.
- 엘리자베스 루카스, 《마음을 열어주는 일곱 개의 방》, 21세기북스, 2008.
- 정인수·이도형, 《치유플랜》, 좋은땅, 2011.
- 존 메설리, 《인생의 모든 의미》, 필로소픽, 2023.
- 존 버드, 《나에게 일이란 무엇인가?》, 도서출판 이후, 2017.
- John E. Upledger, 《SER 체성·감성 이야기》, 지우LNB, 2012.
- 제임스 네스터, 《호흡의 기술》, 북트리거, 2021.
- 최종덕, 《비판적 생명철학》, 도서출판 당대, 2016.
- 코이케 류노스케, 《생각 버리기 연습》, 21세기북스, 2010.
- 판딧 라즈마니 티구네이트, 《만트라의 힘과 수행의 신비》, 대원출판, 2000.
- 피크닉 신영호, 《수비학과 전생인연 리딩》, 이스턴드래곤, 2024.

>>> 저자소개

전현주 JEON HYUN JU

학력
- 동방문화대학원대학교 교육학 박사(Ph.D: 상담심리 전공)
- 성균관대학교 상담교육학과 석사 졸업
- 성균관대학교 유학(儒學)대학원 유교 지도자학과 수료
- 심리학과(문학사) & 청소년학과 졸업(문학사)
- 역사교육학과(문학사) & 사회복지학과 졸업(사회복지학사)

경력
- 현) 힐링코드 심리센터 대표(2015~)
- 현) 국방부 병영생활전문상담관
- 현) 고용노동부 과정평가형 위촉감독 면접관
- 현) SE 사이버평생교육원 강의교수
- 현) 한국 자살예방협회 사이버 상담위원
- 현) 한국 아유르베다학회 학술이사
- 현) 한국진로직업상담협회 전직실행 지원강사 / 슈퍼바이저
- 경기도 의정부지법 가사 상담위원
- 법무부 서울 북부 청소년 꿈키움센터 교육 전문강사

- 서울북부지법 협의이혼 상담위원 / 아동양육 상담전문위원
- 서울시 여성가족재단 성폭력예방교육 전문위촉강사
- 서울시 강동교육청 중등학교 전문상담사
- 한국양성평등교육진흥원 성폭력(성희롱) 예방 교육 전문위촉강사

자격

- 임상심리사 1급(보건복지부, 한국산업인력공단)
- ESG 전문가(브레인플랫폼)
- 1급 공공기관 전문면접관(KCA 한국컨설턴트사관학고)
- 사회복지사 / 요양보호사(보건복지부)
- 전문상담사(한국상담학회)
- 중등(사회/역사) 정교사(교육부)
- 직업상담사 / 직업훈련개발교사(인사조직, 고용노동부)
- 청소년지도사(여성가족부)
- 평생교육사(교육부)

저서

- 《재테크 실전 노하우》, 공저, 브레인플랫폼, 2025.
- 《신중년 적합 교육 및 일자리 연구》, 공저, 브레인플랫폼, 2024.
- 《평생현역을 위한 도전과 열정》, 공저, 브레인플랫폼, 2023.
- 《창업경영컨설팅 방법론 및 사례》, 공저, 브레인플랫폼, 2023.
- 《미래 유망 일자리 전망》, 공저, 브레인플랫폼, 2023.
- 《평생교육, 평생현역》, 공저, 브레인플랫폼, 2023.
- 《채용과 면접 교과서》, 공저, 브레인플랫폼, 2023.
- 《성행동의 심리학》, 에스이(SE), 2019.
- 《청소년 문화》, 에스이(SE), 2019.
- 〈까마수트라를 활용한 성(性)상담적 접근〉, 동방문화대학원대학교 박사학위 논문, 2018.

수상

- 포병여단장 우수표창 수상, 2019~2024.
- 국방부 장관상(정신전력 우수논문 공모전 장려상), 2022.
- Asia-Pacific Journal of Education Management Reserch, 국외 동계학술지 논문우수상, 2018.
- (사)한국산학기술학회, 학술지 논문 우수상, 2017.
- 법무부 서울 북부 청소년 꿈키움센터 우수강사, 2016.
- 서울시 강동구 자원봉사센터(자원봉사) 은상 수상, 2012.
- 서울시 강동구청장 우수표창(자원봉사), 2009.
- 서울시 자원봉사센터 자원봉사 금상 수상, 2008.
- 성균관대학교 유학대학원 총장 표창상, 2008.

6장 | 김희숙

중년의 뇌, 다시 건강을 바라본다

1. 들어가며

　신체적, 인지적, 정서적 변화가 복합적으로 나타나는 중년 시기는 특히 뇌 기능에서 중대한 변곡점을 맞는다. 평균수명의 연장으로 중년 이후의 삶은 노년을 준비하는 시간이 아니라, 활기차고 생산적인 제2의 전성기로 자리 잡고 있다. 세계보건기구(WHO)는 중년 인구 비율의 증가와 함께, 이 시기의 건강 관리가 노년기 질환 예방에 직결된다고 강조한다.

　뇌는 체중의 2%에 불과하지만 에너지 소비는 20% 이상에 달하는 고도 집중 기관이다. 중년 이후에는 신경전달물질의 불균형, 호르몬 변화, 혈관 건강 저하 등 다양한 요인이 뇌 기능에 영향을 미친다. 도파민, 세로토닌, 노르에피네프린, GABA 등은 기분, 동기, 집중력, 기억력과 밀접하게 연결되어 있으며, 이들의 균형이 무너지면 스트레스 과민, 수면 장애, 감정 기복 등으로 이어져 인지 저하와 정신 건강 문제를 유발할 수 있다.

　이 장에서는 이론뿐만 아니라 독자가 직접 실천할 수 있도록 신경생물학적 기전과 신경전달물질의 변화를 설명하고, 식습관, 운동, 수면, 스트레스 관리, 인지 훈련 등 생활습관 개입 전략을 제시한다. 시냅스의 유연성과 기억력 유지에 도움이 되는 식단, 해마와 전전두엽 기능 회복에 효과적인 유산소·무산소 운동, 명상과 수면의 중요성 등을 구체적으로 담았다. 도파민과 세로토닌의 균형을 위해 즐거운 활동, 사회적 교류, 규칙적 운동과 수면은 필수적이다. 중년 이후에는 스트레스가 코르티솔 수치를 높이고 편도체의 과활성을 유발해 감정 조절 능력을 약화시킨다.

필자는 호흡 훈련, 감사 일기, 사회적 지지 등 과학적으로 입증된 방법을 통해 회복탄력성과 정서적 안정성을 높이는 전략을 제시하고자 한다. 이를 통해 독자분들은 일상 속에서 스트레스를 효율적으로 관리하고 뇌 기능을 유지하며 활기찬 삶을 영위할 수 있을 것이다.

실천해야 할 핵심 습관은 다음과 같다.

- 매일 30분 이상 신체 활동으로 BDNF 분비 촉진 및 뇌혈류 개선
- 균형 잡힌 식사를 통한 신경전달물질 합성 지원
- 7~8시간의 규칙적 수면과 취침 전 호흡 훈련으로 코르티솔 조절
- 감사 일기 작성으로 정서적 안정 유지
- 가족·친구·동료와의 교류를 통한 긍정 정서 강화

중년 이후의 삶은 과거를 회상하는 것보다 지혜와 경험을 바탕으로 새로운 도전과 성장을 경험하는 시기다. 뇌 건강 중심의 생활습관 최적화는 이러한 삶의 목표를 실현하는 핵심 열쇠다. 필자는 독자분들이 자신의 뇌와 몸을 이해하고, 실제 생활 속에서 건강과 활력을 증진시키는 전략을 실천할 수 있도록 돕기 위해 내용을 자세히 기술했다.

마지막으로, 중년 이후의 삶을 더욱 풍요롭고 활기차게 만들고자 하는 모든 독자분들에게 필자의 글이 실천적 지침을 제공하는 소중한 도구가 되기를 바란다. 뇌 건강을 지키는 것은 단순한 질병 예방을 넘어, 삶의 질

을 높이고 행복을 지속적으로 유지하는 길임을 강조하고 싶다.

2. 중년의 뇌, 왜 흔들리는가
: 낯선 변화에서 회복과 재구성으로

(1) 중년의 문턱에서 마주하는 낯선 뇌

중년은 단순히 나이의 숫자가 늘어난 시기가 아니다. 중년기에 접어들면서 그 변화는 더욱 뚜렷해진다.

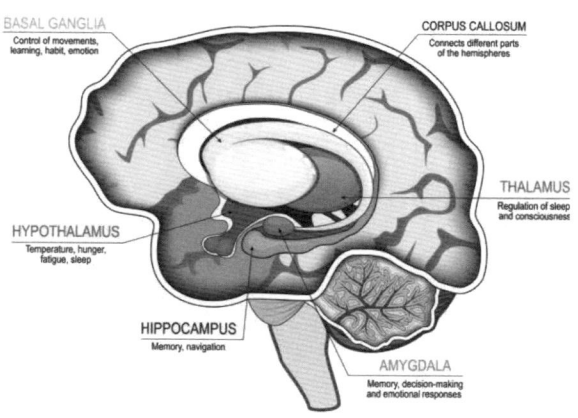

www.istockphoto.com

40대 후반부터 해마의 크기가 줄어들고, 전두엽의 활동성이 감소하며, 도파민과 세로토닌 같은 신경전달물질의 분비도 줄어든다. 이는 기억력, 감정 조절, 의사 결정 능력에 영향을 미친다. 하지만 뇌는 여전히 적응하고 회복하며, 새롭게 연결될 수 있는 능력을 지닌다. 중년의 뇌는 단순한 퇴화가 아니라, 삶의 경험을 통합하고 새로운 방향을 설정하는 '재구성의 시기'다.

(2) 호르몬과 뇌: 보이지 않는 연결고리

중년기의 뇌 변화는 호르몬과 밀접한 관련이 있다. 여성은 폐경 전후로 에스트로겐 수치가 급격히 감소하며, 이는 신경세포 연결성과 감정 조절 능력에 영향을 준다. 남성은 테스토스테론 수치가 점차 감소하면서 인지 기능과 에너지 수준에 변화가 생긴다.

에스트로겐은 해마의 신경세포 생성을 촉진하고, 뇌혈관의 미토콘드리아 기능에도 영향을 준다. 테스토스테론은 집중력과 공간 인지 능력에 관여한다. 갑상선 호르몬, 인슐린, 코르티솔 등도 뇌 기능에 영향을 미치며, 특히 만성 스트레스에 의해 분비되는 코르티솔은 해마를 위축시키고 기억력 저하를 유발한다. 중년의 뇌는 이러한 호르몬 변화의 교차점에서 흔들리고 있으며, 이를 이해하는 것이 회복의 첫걸음이다.

주요 호르몬 변화와 신체·뇌 영향

호르몬	변화 양상	뇌 기능 영향	대표 증상
에스트로겐	급격한 감소	기억·감정·인지 저하	우울, 불안, 건망증
테스토스테론	지속적 감소	동기, 집중력 저하	무기력, 우울, 성욕 저하

(3) 스트레스와 수면 부족: 뇌의 침묵을 부른다

중년은 인생의 교차로다. 직장, 자녀, 부모, 경제적 압박 등 다양한 스트레스 요인이 뇌를 끊임없이 자극한다. 만성 스트레스는 코르티솔 수치를 높이고, 이는 해마의 기능을 저하시킨다. 수면 부족은 뇌의 회복을 방해하며, 기억 정리와 감정 안정 기능을 떨어뜨린다. 스트레스와 수면은 서로 영향을 주며 악순환을 만들고, 뇌의 기능을 점점 침묵시킨다. 하지만 스트레스 관리와 수면 개선은 뇌 회복의 핵심 열쇠다.

(4) 뇌의 가소성: 희망은 있다

뇌는 신경가소성(Neuroplasticity)을 통해 변화할 수 있다. 해마는 새로운 자극에 따라 구조적 변화를 일으키며, 운동은 신경세포 생성과 시냅스 연결을 촉진한다. 해마를 자극하는 활동으로는 독서, 악기 연주, 새로운 장소 탐색, 명상 등이 있다.

전두엽은 계획, 판단, 감정 조절, 언어 생성 등 고차원적 기능을 담당하며, 학습과 경험을 통해 기능 변화가 가능하다. 손상 시 충동적 행동, 판단력 저하, 언어 장애 등이 나타날 수 있다.

시냅스는 뉴런 간 정보 전달의 핵심 구조로, 반복적 자극에 따라 반응성이 증가하거나 감소한다. 이는 학습과 기억의 핵심 메커니즘이며, 중년 이후에도 자극을 통해 회복과 강화가 가능하다.

3. 기억력과 중년의 뇌
: 변화의 이해와 회복 전략

중년기에 접어들면서 많은 사람들이 가장 먼저 체감하는 변화는 기억력이다. 이름이 떠오르지 않거나, 물건을 어디에 뒀는지 기억나지 않는 경험은 흔하다. 하지만 이러한 현상은 단순한 노화 때문만은 아니다. 스트레스, 수면 부족, 과도한 정보 노출, 감정 기복 등 다양한 요인이 뇌의 기억 시스템에 영향을 미친다.

특히 중년은 인생의 책임이 집중되는 시기로, 뇌의 작업 기억이 과부하 상태에 빠지기 쉽다. 기억력 저하의 대부분은 주의력 부족에서 비롯되며, 정보가 제대로 입력되지 않으면 저장도 어렵다. 즉, 기억력의 문제는 '저장'보다 '입력'의 문제일 수 있다.

(1) 해마와 전두엽: 기억의 중심축

기억은 해마와 전두엽이 중심이 되어 작동하는 복합 시스템이다. 해마는 새로운 정보를 저장하고 장기 기억으로 전환하며, 전두엽은 기억을 불러오고 선택적으로 사용하는 기능을 담당한다. 중년 이후 해마의 크기와 전두엽의 활성도가 감소하면서 기억력 변화가 나타나지만, 이는 회복 가능한 '신경가소성'을 지닌다. 운동, 명상, 새로운 학습은 해마의 신경세포 생성을 촉진하고 전두엽 기능을 강화한다.

또한 감정은 기억과 밀접하게 연결되어 있어, 감정적으로 의미 있는 정보는 더 오래 기억된다. 중년기의 감정 변화는 기억력에도 직접적인 영향을 미친다. 기억력은 훈련할 수 있다. 중년 이후에도 다음과 같은 전략을 통해 기억력을 향상시킬 수 있다.

첫째, 주의력 훈련으로 멀티태스킹을 줄이고 한 가지 정보에 집중하는 습관, 둘째, 반복과 연결은 정보를 반복하고 기존 기억과 연결하는 방식, 셋째, 감정 활용은 감정을 담아내는 학습과 경험, 쓰기 등이 있다. 넷째, 신체 활동으로 유산소 운동은 해마 기능과 뇌 혈류 개선에 효과적이다. 다섯째, 수면 관리로 깊은 수면은 기억 정리와 통합에 필수적이다.

기억력은 단순한 능력이 아니라 삶의 방식과 환경을 반영하는 지표다. 중년은 기억을 잃는 시기가 아니라, 기억을 재구성하고 삶의 방향을 다시 설정하는 시기다.

(2) 신경전달물질: 뇌 기능의 화학적 언어

신경전달물질은 뉴런 간 정보를 전달하는 화학적 매개체로, 사고, 감정, 행동, 기억 등 모든 정신적 기능에 관여한다. 중년 이후 뇌 기능 저하의 주요 원인 중 하나는 이들의 불균형이다.

신경전달물질	기능	변화	부족 시 증상
세로토닌 Serotonin	기분·수면·정서·식욕 조절	감소	우울, 불안·수면 장애
도파민 Dopamine	동기부여·보상·집중	저하	무기력·우울감·집중력↓
노르에피네프린 Norepinephrine	각성·스트레스	불균형	불안, 수면 장애
아세틸콜린 Acetylcholine	기억·학습·근육 조절	불균형	기억력 감퇴 인지 기능 저하
GABA Gamma-Aminobutyric Acid	안정·스트레스 완화	불균형	과민·불면·불안
글루타메이트 Glutamate	학습·흥분성 전달·기억	불균형	과잉 시 신경 손상

신경전달물질의 균형을 위한 전략은 식습관 개선, 규칙적 운동, 수면 관리, 스트레스 조절, 인지 자극 활동 등이다. 중년 이후의 뇌는 단순한 생화학적 조절을 넘어, 삶의 방식 전체를 조율하는 과정 속에서 회복과 재연결이 가능하다. 기억력과 뇌 건강은 다시 깨어날 수 있다. 이제 실천해 보자.

4. 중년 이후 뇌 건강 문제와 감정

(1) 중년기 뇌 변화의 시작

중년은 감정과 인지 기능의 변화가 두드러지는 시기다. 이유 없는 우울감, 분노, 불안은 단순한 기분 문제가 아니라 뇌 구조와 기능 변화의 결과다. 편도체는 더 민감해지고, 전두엽의 억제 기능은 약화되며 감정 조절이 어려워진다. 이러한 변화는 스트레스, 호르몬, 삶의 누적된 경험이 복합적으로 작용한 결과다. 40대 후반부터 집중력 저하와 감정 기복이 심화되며, 이는 치매가 아닌 경도 인지 장애(MCI)로 나타나는 경우가 많다. 해마와 전두엽의 위축은 기억력과 판단력에 영향을 주지만, 회복 가능한 변화다.

(2) 감정과 신경전달물질

감정은 도파민(동기·즐거움), 세로토닌(안정·만족), GABA(긴장 완화) 등 신경전달물질에 의해 조절된다. 중년기에는 이들 물질의 불균형으로 감정 조절이 어려워진다. 전두엽의 처리 속도가 저하되며, 수면 장애 시 기억력·감정 조절이 악화되고 해마 기능 저하 시 기억력이 감소된다.

다행히 식단, 운동, 수면, 명상 등으로 신경전달물질의 균형을 회복할 수 있다. 유산소 운동은 도파민과 세로토닌을, 명상은 GABA를 활성화한다.

(3) 감정은 뇌의 언어다

감정은 뇌가 보내는 신호이며, 중년의 감정 변화는 삶의 방향을 재조정하는 과정이다. 감정을 잘 다루는 능력은 삶의 질과 뇌 회복력에 직결된다. 흔들리는 감정 속에서 더 깊은 자아를 발견할 수 있다.

(4) MCI와 치매의 차이

항목	경도 인지 장애(MCI)	치매
기억력 저하	있음	심함
일상생활 영향	거의 없음	뚜렷함
진행 속도	느림 혹은 멈춤 가능	전진적 악화
회복 가능성	있음(생활습관 개선 시)	없음(진행성 질환)

MCI(Mild Cognitive Impairment)는 치매로 반드시 진행되는 것은 아니며, 생활습관 개선으로 회복 가능성이 높다.

(5) 위험 요인과 예방 전략

위험 요인으로 만성 스트레스, 수면 부족, 운동 부족, 영양 불균형, 사회적 고립, 당뇨·고혈압 등이 있다. 예방 전략은 유산소 운동, 오메가-3·항산화제·비타민 B군 섭취, 독서·악기 다루기·외국어 학습, 사회적 교류, 정기 검진 등이 있다.

(6) 중년의 뇌는 회복할 수 있다

중년 이후의 뇌 변화는 관리 가능한 생물학적 과정이다. 뇌는 신경가소성을 통해 새로운 연결을 만들고 기능을 회복할 수 있다. 변화의 징후를 인식하고 대응하는 것이 중년 뇌 건강의 핵심이다.

5. 식습관이 뇌를 바꾼다

(1) 중년 이후, 뇌는 먹는 대로 달라진다

중년기의 기억력 저하, 집중력 감소, 감정 기복은 뇌가 필요로 하는 영양소 부족의 신호다. 뇌는 체중의 2%에 불과하지만 에너지 소비는 20% 이상이며, 우리가 먹는 음식이 뇌의 구조와 기능에 직접적인 영향을 미친다. 특히 중년기에는 혈당 조절 능력 저하, 염증 반응 증가, 산화 스트레스에 취약해지므로 식사의 질이 더욱 중요해진다.

(2) 뇌를 위한 핵심 영양소

1) 오메가-3 지방산
DHA·EPA는 뇌세포막 구성 성분으로 기억력 향상, 염증 조절에 효과적이며, 우울감 완화, 인지 기능 유지에 효과적이다. 연어, 고등어, 정어리 같은 등푸른 생선과 호두 등에 풍부하다.

2) 항산화 물질
플라보노이드·폴리페놀은 산화 스트레스 완화, 혈류 개선, 신경세포의 손상을 줄인다. 베리류, 녹차, 강황 등에 많다.

3) 비타민 B군
B6·B9·B12는 신경전달물질 합성과 뇌세포 에너지 대사에 필수적이고, 결핍 시 인지 저하, 우울감이 나타날 수 있다. 달걀, 녹색 채소, 통곡물 등에 많이 들어있다.

4) 마그네슘·아연
스트레스 완화, 시냅스 기능 강화에 작용하며, 견과류, 해산물, 콩류 등에 많이 들어있다.

5) 복합 탄수화물(귀리, 고구마, 현미)

혈당을 안정시키고 지속적으로 에너지를 공급한다.

6) 트립토판

세로토닌 전구물질로 기분 안정과 수면 조절에 도움을 주며, 바나나, 두부, 치즈 등에 많이 들어있다.

(3) 식사의 방식도 뇌를 바꾼다

간헐적 단식은 오토파지 활성화로 손상된 세포 제거, 신경세포 재생을 촉진한다. 천천히 먹기는 과식 방지, 뇌 만족감 증가, 스트레스 호르몬 감소를 유도하고, 함께 먹기와 같은 사회적 연결은 뇌 자극과 정서 안정에 도움이 된다.

(4) 식사는 뇌를 위한 일상적 치료

중년 이후의 식사는 단순한 생존이 아니라 뇌를 위한 치료이자 투자다. 반복되는 식사 선택이 뇌를 회복시키고 삶의 방향을 재설정한다.

(5) 뇌 건강을 위한 식사 구성 원칙

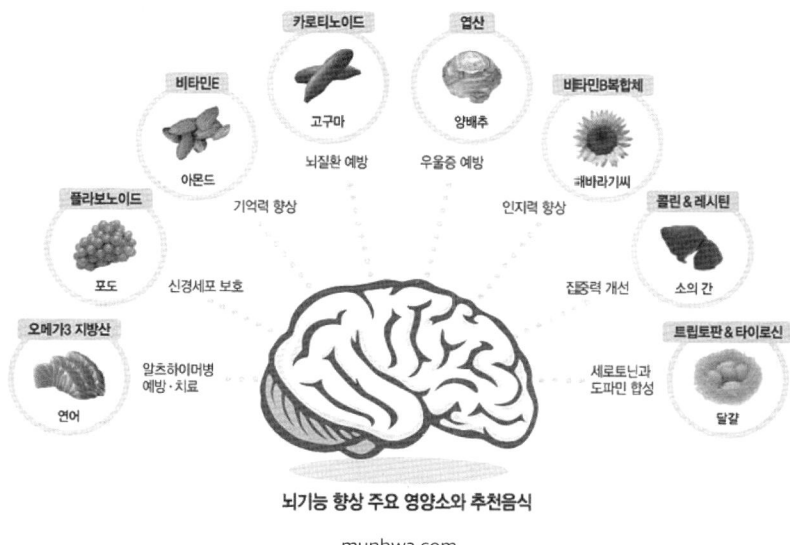

장내 미생물은 세로토닌의 90% 이상을 생성하며, 장은 곧 뇌 건강이다.

(6) 식습관 개선 실천 전략

단백질, 복합 탄수화물로 집중력 향상을 도모하는 아침 먹기, 뇌 염증 예방을 위한 설탕, 트렌스지방 줄이기, 탈수 예방과 뇌 기능 유지를 위한 수분 섭취 늘리기(하루 1.5리터 이상), 혈당 안정, 뇌 피로 감소를 위한 식사 시간 규칙화 하기 등이 있다.

(7) 식습관 변화의 효과

식습관 개선은 해마 위축 속도 감소, 전두엽 활성도 증가로 이어진다. 오메가-3와 항산화 식품을 꾸준히 섭취한 그룹은 인지 기능 검사에서 더 높은 점수를 기록했다. 중년 이후, 식탁 위의 선택이 기억력과 감정의 방향을 결정한다는 사실을 기억하자.

1주일 식단표 예시(영양소, 호르몬, 뇌에 미치는 영향)

요일	식단	주요 영양소	뇌에 미치는 영향	관련 호르몬
월요일	귀리죽(밥), 바나나, 호두	트립토판, 오메가-3, 식이섬유	세로토닌 생성 촉진, 집중력 향상	세로토닌, 도파민
월요일	현미밥, 고등어구이, 시금치, 김치	DHA, 철분, 엽산	기억력 강화, 산화 스트레스 감소	BDNF, 노르에피네프린
월요일	두부샐러드, 미역국, 잡곡빵	식물성 단백질, 요오드	갑상선 기능 조절, 에너지 대사	티록신
화요일	삶은 계란 2개, 토마토, 블루베리	콜린, 라이코펜, 안토시아닌	신경세포 보호, 항산화 작용	아세틸콜린
화요일	보리밥, 닭가슴살구이, 브로콜리, 된장국	단백질, 비타민 B6, 설포라판	신경전달물질 합성, 해마 기능 강화	GABA, 도파민
화요일	연어스테이크, 아보카도, 샐러드	DHA, 비타민 E, 건강한 지방	뇌세포막 강화, 염증 억제	코르티솔 조절
수요일	통밀토스트, 아몬드버터, 녹차	비타민 E, L-테아닌	스트레스 완화, 집중력 향상	세로토닌, GABA
수요일	흑미밥, 제육볶음, 나물류, 깍두기	철분, 단백질, 식이섬유	산소 공급 증가, 에너지 대사	에피네프린
수요일	버섯들깨탕, 김, 오이무침	베타글루칸, 칼륨	면역력 강화, 뇌 염증 억제	인터루킨 조절

목요일	두유, 삶은 고구마, 견과류	이소플라본, 복합 탄수화물	혈당 안정, 여성호르몬 균형	에스트로겐
	콩나물국밥, 김, 깻잎절임	비타민 C, 아연	면역력 강화, 뇌 피로 회복	멜라토닌 조절
	닭가슴살 샐러드, 현미밥, 나박김치	단백질, 유산균	장내 미생물 균형 → 뇌-장 연결 강화	세로토닌
금요일	요거트, 블루베리, 치아씨드	유산균, 오메가-3, 항산화	장 건강→ 기분 안정, 뇌 노화 예방	세로토닌, BDNF
	현미밥, 불고기, 상추쌈, 된장찌개	단백질, 식물성 발효 성분	신경전달물질 합성, 뇌 회복력 향상	도파민, GABA
	고등어조림, 무생채, 미역초무침	DHA, 비타민 C	기억력 향상, 염증 억제	노르에피네프린
토요일	삶은 계란, 바나나, 녹차	트립토판, 콜린, L-테아닌	기분 안정, 스트레스 완화	세로토닌, GABA
	비빔밥, 계란후라이, 된장국	복합 탄수화물, 단백질	혈당 안정, 에너지 지속 공급	인슐린 조절
	두부김치, 잡곡밥, 배추된장국	유산균, 식물성 단백질	장내 환경 개선, 뇌 염증 감소	세로토닌, 인터루킨
일요일	오트밀, 견과류, 꿀 한스푼	복합 탄수화물, 건강한 지방	집중력 유지, 뇌 에너지 공급	도파민
	현미밥, 삼치구이, 가지볶음, 김치	DHA, 안토시아닌	뇌세포막 강화, 항산화 작용	BDNF
	채소볶음, 두유, 통밀빵	비타민 B군, 이소플라본	신경전달물질 합성, 호르몬 균형	아세틸콜린, 에스트로겐

6. 운동, 뇌를 깨우다
: 움직이는 몸이 깨어나는 뇌를 만든다

 중년 이후의 뇌는 자동으로 건강을 유지하지 않는다. 기억력 저하, 집중력 감소, 감정 기복은 단순한 노화가 아니라 뇌 기능 변화의 신호다. 이 변화에 가장 강력하게 대응할 수 있는 방법 중 하나가 바로 운동이다. 운동은 단순한 체력 단련을 넘어, 뇌의 구조와 기능을 직접적으로 변화시키는 자극제다. 운동은 뇌의 혈류를 증가시키고, 신경세포 간 연결을 강화하며, 새로운 신경세포 생성을 촉진한다. 특히 운동 중 분비되는 BDNF(뇌유래신경영양인자)는 기억력, 학습 능력, 감정 조절 등 핵심 기능을 향상시키며, 우울증 예방에도 기여한다. 꾸준한 운동은 인지 능력 향상, 스트레스 감소, 정서적 안정이라는 실질적인 효과를 가져온다.

(1) 운동이 뇌에 미치는 생리학적 변화

 운동은 해마를 자극하고, 도파민·세로토닌 균형 조절과 전두엽 활성화가 일어나며 뇌의 혈류를 증가시키고, 신경세포 간 연결을 강화하며, 새로운 신경세포의 생성을 촉진한다. 특히 운동 중 분비되는 BDNF(Brain-Derived Neurotrophic Factor, 뇌유래신경영양인자)는 뇌의 성장과 회복에 핵심적인 역할을 한다. 이 단백질은 기억력, 학습 능력, 감정 조절 등 뇌의 핵심 기능을 향상시키며, 우울증과 같은 정신질환의 예방에도 기여한다.

(2) 뇌 중심 운동 전략

중년을 위한 운동 유형별 추천(BDNF 활성화)

운동 유형	효과	추천 운동
유산소 운동	도파민·세로토닌 분비, 해마 자극	걷기, 자전거, 달리기, 수영
근력 운동	성장호르몬 분비, 전두엽 자극	스쿼트, 플랭크, 아령
복합 운동	인지 기능 향상, 시냅스 연결 강화	라인댄스, 악기 다루기
스트레칭·요가	GABA 활성화, 스트레스 완화, 해마보호	요가, 필라테스, 명상 호흡
인터벌 트레이닝	고강도 자극, 신경세포 생성 극대화	일반 유산소 운동보다 높은 강도로 짧은 시간 진행

(3) 운동을 지속하는 마인드셋

1) 꾸준함
하루 10분이라도 지속하면 뇌에 강력한 자극이 된다.

2) 비교하지 않기
나만의 리듬을 찾는 것이 중요하다.

3) 기록하기
운동 일지는 성취감과 긍정적 강화를 유도한다.

4) 즐거움과 연결하기

음악, 친구와 함께하는 운동은 지속성을 향상시킨다.

(4) 운동과 정신질환 예방

운동은 우울증, 불안 장애, ADHD, 알츠하이머병 등 다양한 정신질환 예방과 증상 완화에 효과적이다. 특히 우울증 환자에게 운동은 항우울제만큼의 효과를 보인다는 연구도 있다. 중년의 뇌는 운동을 통해 다시 깨어나며, 움직임은 뇌의 침묵을 깨고 기능을 재조율한다

7. 수면과 스트레스 관리
: 고요한 잠과 안정된 마음이 뇌를 회복시킨다

중년 이후 수면의 질과 양은 자연스럽게 감소한다. 이는 단순한 노화가 아니라 뇌 회복 능력과 직결된 변화다. 깊은 수면은 뇌를 청소하고 회복시키며, 스트레스 관리는 뇌의 연결망을 보호한다. 이 두 가지를 실천하는 것만으로도 뇌는 다시 깨어날 수 있다.

(1) 수면이 뇌에 미치는 영향

1) 기억 정리
단기 기억이 장기 기억으로 전환되는 역할을 담당한다.

2) 신경세포 회복
손상된 뇌세포 복구 및 새로운 연결 형성한다.

3) 노폐물 제거
글림프 시스템(Glymphatic System)이 치매 유발 물질을 청소한다. 자주 깨거나 깊은 잠에 들지 못하는 것과 수면 무호흡증으로 인한 산소 부족, 스트레스·호르몬 변화로 인한 불면증 등이 영향을 초래한다.

(2) 수면의 질을 높이는 전략

첫째, 규칙적인 취침·기상 시간으로 일정한 수면 루틴을 유지한다. 둘째, 블루라이트는 멜라토닌 분비를 억제하므로 잠들기 1시간 전에는 차단하는 것이 좋다. 셋째, 어둡고 조용한 공간, 적절한 온도(18~20도)를 유지한다. 넷째, 지나친 카페인과 야식은 제한하고, 트립토판이 함유된 바나나, 따뜻한 차(신경을 안정시키는)를 섭취한다. 다섯째, 가벼운 스트레칭과 호흡명상(4초 들숨, 4초 멈춤, 8초 날숨), 하루 감사 일기 쓰기 등의 수면 전 이완 활동을 한다.

(3) 스트레스가 뇌에 미치는 영향

코르티솔의 과다 분비는 해마 위축, 기억력·학습 능력을 저하시키고, 판단력·감정 조절 능력을 감소시키는 전두엽 기능도 저하된다. 이는 스트레스 → 수면 장애 → 피로 → 집중력 저하 → 더 많은 스트레스 과정의 악순환을 초래한다.

(4) 스트레스를 줄이는 뇌 친화적 전략

첫째, 명상과 호흡 훈련은 GABA 분비를 촉진하고, 자율신경을 안정시키며, 알파파를 증가시킨다. 둘째, 음악과 자연 소리는 편도체 안정화, 정서적 진정 효과가 있다. 셋째, 유산소 운동은 도파민과 세로토닌 분비를 촉진하고, 스트레스 저항력이 강화된다. 넷째, 관계와 감정 표현은 옥시토신 분비를 촉진하고, 공감과 유대가 뇌 회복력 향상에 도움이 된다.

중년의 뇌는 더 이상 방치할 수 없다. 깊은 수면과 스트레스 관리가 뇌 건강의 핵심이며, 꾸준한 실천이 삶의 질을 결정한다. 고요한 밤의 10분, 따뜻한 대화 한 줄이 뇌를 회복시키는 시작이다.

8. 중년의 뇌, 다시 배우다
: 배움은 뇌의 재생을 이끈다

　많은 사람들이 배움은 젊은 시기의 특권이라 생각하지만, 뇌과학은 이를 반박한다. 중년 이후에도 뇌는 새로운 정보를 받아들이고 신경 회로를 재구성할 수 있는 능력, 즉 신경가소성을 지닌다. 새로운 언어, 악기, 기술 습득은 뇌의 회복과 확장을 돕고, 인지 기능 유지에 결정적인 역할을 한다. 배움은 단순한 지식 축적이 아니라, 뇌를 자극하고 새로운 연결을 만들며 감정과 동기를 활성화하는 과정이다. 중년의 뇌는 배움을 통해 다시 깨어나며, 삶의 방향을 재설정할 수 있다.

(1) 중년의 학습, 더 깊은 이유

　첫째, 삶의 경험과 연결로 중년의 배움은 통찰과 의미를 만들어 낸다. 둘째, 내적 동기 중심으로 성취보다 자기 성찰과 성장에 집중한다. 셋째, 전두엽과 측두엽 활성화로 감정·사고 균형 회복을 도모한다. 넷째, 보상 시스템 자극으로 학습의 지속성과 몰입도 향상된다.

(2) 뇌를 깨우는 학습 전략

1) 다중 감각 활용
그림, 음악 등은 시각, 청각, 촉각을 동시에 자극한다.

2) 의미 중심 학습
개인 경험과 연결된 학습이 더 오래 기억된다.

3) 사회적 학습
함께는 옥시토신 분비를 촉진하고, 스트레스 완화를 유도한다.

4) 창의적 표현
글쓰기, 그림, 발표 등은 능동적 사고를 촉진한다.

5) 도전과 실패 수용
실패는 뇌 회복력 강화의 기회를 제공한다.

(3) 배움은 정체성 재구성의 도구

중년은 흔히 '정체성의 위기'로 불린다. 익숙한 역할이 흔들리고 삶의 방향이 불분명해지는 시기, 배움은 새로운 정체성을 형성하는 도구가 된다. 새로운 분야를 배우며 자신이 몰랐던 능력과 관심을 발견하고, 자존감을 회복하며 삶의 의미를 재구성할 수 있다. 배움은 단순한 기술 습득이 아니라 '나는 누구인가'에 대한 질문에 답하는 과정이다. 중년의 뇌는 배움을 통해 다시 연결되고, 확장되며, 살아난다. 배움은 생물학적 회복뿐 아니라 심리적 재탄생을 이끄는 열쇠다.

9. 중년의 뇌를 흔드는 감정
: 감정은 뇌를 흔들고, 동시에 성장시킨다

중년은 감정의 격류가 몰아치는 시기다. 젊은 시절의 열정은 사그라지고, 노년의 평온은 아직 멀다. 이 사이에서 중년의 뇌는 불안, 우울, 분노, 허무감 등 다양한 감정에 휘둘리며 균형을 잃기 쉽다. 감정은 단순한 기분이 아니라 뇌의 생리적 반응이며, 신경 회로의 활성화 결과다. 중년기에는 감정을 조절하는 편도체와 전두엽의 기능이 변화하면서 감정 기복이 심해진다. 예민해지고, 회복 속도는 느려지며, 감정은 삶의 방향을 바꾸는 힘을 지닌다.

(1) 감정의 균형추: 편도체와 전두엽

편도체는 위험 감지와 빠른 반응을 담당한다. 중년기엔 민감도가 높아져 과잉 반응이 유발될 수 있으며, 전두엽은 감정 조절과 판단을 담당한다. 기능 저하로 조절력이 약화되거나 충동적 반응이 증가할 수 있다. 그리하여 감정적 불안정성은 대인 관계, 업무, 가족 갈등 등 삶 전반에 영향을 미친다.

(2) 감정을 다스리는 뇌 기반 전략

1) 감정 인식 훈련
감정을 명확히 인식하면 편도체가 진정되고, 전두엽이 활성화된다.

2) 감정 쓰기
감정을 글로 표현하면 객관화되어 통제가 가능하다.

3) 감정의 거리 두기
명상·심호흡·시각화로 감정과의 거리가 확보된다.

4) 신체적 해소
운동·춤·노래·울기 등으로 억눌린 감정을 해소할 수 있다.

5) 사회적 공유
감정을 나누면 옥시토신 분비가 촉진되어 안정감을 제공한다.

(3) 감정은 뇌를 성장시키는 자극

감정은 중년의 뇌를 흔들지만, 동시에 성장의 자원이 된다. 억누르기보다 이해하고 수용하며 표현하는 과정은 뇌의 통합적 기능을 강화한다. 중년은 복합적이고 다층적인 감정을 느끼고 언어화할 수 있는 시기이며, 이는 자아 확장과 삶의 의미 재구성에 기여한다. 감정을 다스린다는 것은 억제하는 것이 아니라, 그것을 성장의 자원으로 전환하는 것이다. 중년의 뇌는 감정을 통해 다시 깨어난다.

10. 관계, 뇌를 연결하다
: 연결은 중년의 뇌를 회복시키는 생존 전략이다

중년은 관계의 전환점이다. 자녀의 독립, 부모의 노화, 친구와의 거리감, 직장에서의 역할 변화 등으로 많은 중년들이 외로움과 고립감을 경험한다. 하지만 고립은 단순한 감정 문제가 아니라, 뇌 기능에 직접적인 영향을 미친다. 사회적 연결은 해마, 전두엽, 언어·감정 영역을 활성화시키며, 반대로 고립은 뇌의 위축과 인지력 저하를 유발한다. 중년의 뇌는 관계를 통해 살아나며, 연결을 통해 회복된다.

(1) 사회적 연결과 뇌의 활성화

대화는 언어 영역, 공감은 편도체·전두엽을 자극하고, 옥시토신 분비로 안정감·신뢰 형성, 스트레스 완화를 유도하거나, 보상 시스템 활성화로 도파민 분비 촉진, 삶의 동기가 생성된다. 관계는 단순한 정서 안정이 아니라, 뇌 건강을 위한 필수 전략이다.

(2) 관계 회복을 위한 뇌 기반 전략

첫째, 취미, 봉사, 학습 모임 등으로 새로운 관계를 형성한다. 둘째, 경청, 감정 표현, 비판 자제 등으로 사회적 회로를 강화한다. 셋째, 질 높은 관계에 집중, 에너지 소모 관계는 정리한다. 넷째, 역할 변화에 맞춘 감정 표현·대화·공동 활동을 재배치한다.

(3) 관계는 뇌의 생존 전략이다

관계는 정보를 교환하고, 감정을 조절하며, 삶의 의미를 찾는 뇌의 생존 방식이다. 고립은 뇌를 침묵시키지만, 연결은 뇌를 깨운다. 관계는 뇌 회복을 이끄는 가장 강력한 자극이며, 중년 이후 삶의 질을 결정짓는 핵심 요소다. 중년의 뇌는 연결을 갈망한다. 그 연결이 곧 회복이며, 성장이다.

11. 중년의 뇌, 다시 설계하다

(1) 중년의 뇌, 변화의 기로에 서다

인지의 재구성이 가능한 중년은 뇌가 과거를 재구성하고 미래를 설계하는 시기로 민첩함은 줄지만 통찰력과 감정의 깊이는 풍부해지는 감정의 재조율이 가능하고, 뇌는 여전히 변화하고 재설계 되며, 중요한 것은 방향성과 의지이다.

(2) 뇌 설계의 궁극적 목적: 삶의 재구성

뇌를 다시 설계한다는 것은 단순한 회복이 아니라 새로운 창조를 의미한다. 뇌는 늙지 않는다. 적응하고, 재구성하며, 다시 깨어난다. 이것이 중년의 뇌가 가진 가장 강력한 가능성이다.

>>> 참고문헌

중년의 뇌, 왜 흔들리는가
- 이시형, 《세로토닌하라!》, 중앙북스, 2010.
- 이한경 외, 〈건강한 노년과 인지예비능에 대한 고찰〉, 《한국심리학회지: 일반》, v43, no.1, 2024.
- 김수정, 〈중년기 인지기능 변화와 사회적 요인의 관계〉, 《노인복지연구》, v35 no.2, 2022.
- 홍선영, 〈중장년의 건강 라이프스타일 변화 유형에 따른 인지기능의 변화〉, 이화여자대학교대학원. 사회복지학과 박사학위논문, 2023.
- Stefaniak JD et al, "Brain age gap, dementia risk factors and cognition in middle age", Brain Communications, 2024.

기억력과 중년의 뇌
- 김대수, 《뇌과학자는 영화에서 인간을 본다》, 바다출판사, 2015.
- 김용완, 〈65세 이상 여성의 뇌 구조 부피 변화에 관한 연구〉, 《한국방사선학회 논문지》, v14, no.7, 2020.
- 이정훈, 〈신경과학 기반의 인지기능 이해와 중년기 적용 가능성〉, 《대한신경과학회지》, v41 no.1, 2021.
- 김지은, 〈노인의 뇌 기능 변화에 따른 인지적 특성 연구〉, 고려대학교대학원, 심리학과 석사학위논문, 2021.
- Fjell AM, Walhovd KB, "Structural brain changes in aging: courses, causes and cognitive consequences", Reviews in the Neurosciences, 2010.

중년 이후 뇌 건강 문제와 감정
- 하지현, 《고민이 고민입니다》, 문학동네, 2020.
- 이한경 외, 〈중년기 인지기능 변화와 뇌 구조의 상관성 분석〉, 《한국심리학회지: 건강》, v29, no.2, 2023.
- 김희숙, 〈BCI 뉴로피드백 적용훈련이 노인들의 뇌기능 증진 효과에 미치는 영향〉, 《미래융합통섭학회》, v5, no.1, 2022.

- 박지현, 〈중년기 뇌 구조 변화와 기억력 저하의 상관성〉, 《한국심리학회지: 건강》, v29 no.3, 2023.
- 박소연, 〈중년기 스트레스와 인지기능의 상관관계 연구〉, 숙명여자대학교대학원, 상담심리학과 석사학위논문, 2022.
- Wrigglesworth J et al, "Factors associated with brain ageing - a systematic review", BMC Neurology, 2021.

식습관이 뇌를 바꾼다

- 문미영, 〈중년기 성인의 건강증진 생활양식이 성공적 노화와 심리적 웰빙에 미치는 영향〉, 《학습자중심교과교육학회》, v17, no.10, 2017.
- 이효지, 〈중년기 성인의 식습관과 영양 및 건강상태에 관한 연구〉, 《대한가정학회지》, v37, no.4, 1999.
- 박지현 외, 〈노년기 인지예비능과 뇌 건강의 관계에 대한 고찰〉, 《노인복지연구》, v25, no.1, 2022.
- 정혜진, 〈노인의 인지예비능 향상을 위한 프로그램 효과 분석〉, 한양대학교대학원, 교육심리학과 박사학위논문, 2020.
- Brehmer Y et al, "Plasticity of brain and cognition in older adults", Psychological Research, 2014.

운동, 뇌를 깨우다

- 이시형, 《몸과 마음의 뇌과학》, 중앙북스, 2016.
- 송명경 외, 〈경도인지장애 노인의 인지향상 프로그램 중재효과〉, 《한국보건간호학회지》, v32, no.1, 2018.
- 김민정, 〈운동이 노인의 인지기능에 미치는 영향〉, 부산대학교대학원, 체육학과 석사학위논문, 2019.
- Gujral S et al, "Aerobic exercise improves executive function and alters brain activation in middle-aged adults", Frontiers in Aging Neuroscience, 2025.

수면과 스트레스 관리

- 강현식, 《수면의 과학》, MID, 2019.
- 김은정 외, 〈중년 여성의 수면의 질과 스트레스 수준의 상관관계 분석〉, 《한국간호학회지》,

v51, no.3, 2021.
- 이수연, 〈중년기 스트레스와 수면의 상호작용에 관한 연구〉, 경희대학교대학원, 간호학과 석사학위논문, 2020.
- Huang T et al, "Sleep and physical activity interact to affect cognitive function in older adults", Frontiers in Aging Neuroscience, 2025.

중년의 뇌, 다시 배우다
- 김경일, 《지혜로운 사람은 왜 웃는가》, 진성북스, 2021.
- 이수진 외, 〈중년기 학습 참여가 인지기능에 미치는 영향〉, 《평생교육학연구》, v28, no.4, 2022.
- 홍선영, 〈중년기 학습과 인지기능 변화에 관한 연구〉, 이화여자대학교 대학원, 평생교육학과 박사학위논문, 2023.
- Willis SL et al, "The effects of cognitive training on memory in older adults", Journal of the American Medical Association, 2006.

중년의 뇌를 흔드는 감정
- 하지현, 《감정수업》, 민음사, 2013.
- 정윤경 외, 〈중년기 감정조절 전략과 전두엽 활성화의 관계〉, 《한국심리학회지: 임상》, v42, no.2, 2023.
- 박지민, 〈중년 여성의 감정조절 전략이 뇌 기능에 미치는 영향〉, 서울대학교대학원, 임상심리하과 석사학위논문, 2021.
- Klimecki OM et al, "Empathy and compassion training modulate brain networks associated with emotion regulation", Social Cognitive and Affective Neuroscience, 2014.

관계, 뇌를 연결하다
- 김혜남, 《서른 살이 심리학에게 묻다》, 갤리온, 2006.
- 홍선영 외, 〈사회적 연결망이 중년기 인지기능에 미치는 영향〉, 《노인복지연구》, v24, no.3, 2021.
- 이지은, 〈중년기 사회적 관계와 뇌 건강의 상관성 분석〉, 연세대학교 대학원, 사회복지하과 석사학위논문, 2022.

- Pinker S et al, "Social interaction and brain health: the village effect revisited", Nature Mental Health, 2025.

중년의 뇌, 다시 설계하다
- 유영만, 《생각지도》, 쌤앤파커스, 2014.
- 이한경 외, 〈중년기 뇌 설계를 위한 인지·감정·의미 중심 전략 분석〉, 《한국심리학회지: 일반》, v43, no.2, 2024.
- 정수빈, 〈중년기 삶의 재구성을 위한 뇌 기반 개입 전략 연구〉, 고려대학교대학원 교육학과 박사학위논문, 2023.
- Won J et al, "Midlife brain health: understanding brain aging and effects of interventions", Frontiers in Aging Neuroscience, 2025.

>>> 저자소개

김희숙 KIM HYEE SOOK

학력
- 경영학 박사(응용뇌과학 전공)

경력
- 서울남부교도소 재소자 강의
- 법무부 청소년범죄예방위원회 상담위원
- 공군헬기군부대 강의
- 인천경찰청 기동중대 강의
- 강원도인재개발원 강의

자격
- 창업지도사 1급
- 심리치료사 1급

저서
- 서울남부지방검찰청 우수표창 수상